ZEICHNEN SPIELEN TANGELN

Jeanette Nyberg

ZEICHNEN SPIELEN TANGELN

46 WITZIGE IDEEN FÜR DIE GANZE FAMILIE

EMF

EIN BUCH DER
EDITION MICHAEL FISCHER

Impressum

Bibliografische Information der Deutschen Bibliothek.

Die Deutsche Bibliothek verzeichnet diese Publikation in der deutschen Nationalbibliografie.

Detaillierte bibliografische Daten sind im Internet über http://www.d-nb.de/ abrufbar.

EIN BUCH DER EDITION MICHAEL FISCHER

1. Auflage 2016

Alle Rechte der deutschsprachigen Ausgabe bei

© 2016 Edition Michael Fischer GmbH, Igling
© 2016 Quarry Books, einem Verlag der Quarto Publishing Group USA Inc.
© 2016 Jeanette Nyberg

Erstveröffentlicht bei Quarry Books, einem Verlag der Quarto Publishing Group USA Inc.

Titel der Originalausgabe:
Tangle Art and Drawing Games for Kids – A Silly Book for Creative and Visual Thinking

Aus dem Englischen übertragen von Birgit van der Avoort, Havixbeck

Produktmanagement, Lektorat: Anna Schmitt, Heike Fröhlich
Gesamtherstellung: Fabio Schaffer
Cartoon-Illustrationen: Shutterstock.com
Illustrationen Seite 56 und 57: Mike Wanke

ISBN 978-3-86355-582-5

Printed in China

www.emf-verlag.de

Für Christian, dessen Kreativität so inspirierend ist.

Inhalt

MISCHTECHNIK-SPIELE 58

TOLLE TANGLE-SPIELE 84

Einleitung

BIST DU KREATIV? LEG EINFACH LOS!

Du magst es vielleicht nicht glauben, aber eine kreative Ader strömt auch durch deinen Körper. Doodelst oder zeichnest du gerne? Sieht dein Hausaufgabenheft schon aus wie ein Skizzenbuch? Füllst du ganze Blattseiten mit deinen Zeichnungen? Oder schrecken dich Zeichnungen eher ab?

Wie auch immer, wir möchten, dass du das Zeichnen für dich entdeckst und erkennst, wie viel Spaß es macht. Du merkst nicht einmal, dass du gerade Kunstwerke anfertigst, bis du auf dein Blatt blickst und siehst, wie dein Stift wie von selbst über das Papier gleitet. Uns allen geht es ähnlich: Manchmal starren wir auf ein Blatt Papier und wissen nicht, was wir malen sollen – selbst wenn du ein passionierter Künstler bist und du jede sich dir bietende Anregung in dir aufsaugen möchtest.

In den einzelnen Kapiteln zeige ich dir 46 fantastische Zeichenspiele und Tangle-Projekte – genug für viele Tage Mal- und Zeichenspaß für dich und deine Familie.

Viele von euch haben schon erlebt, wie sehr Malen und Zeichnen beruhigen können, ihr lernt, euch auf das Wesentliche zu konzentrieren und eurer Fantasie freien Lauf zu lassen. Ich glaube, dass die meisten von uns, die jemals einen Stift in der Hand hielten und unbewusst tolle Muster auf Papier kritzelten, dem Zauber des Doodelns erlegen sind.

Das Beste am Zeichnen ist, dass man dafür kein künstlerisches Talent besitzen muss. Jeder kann zeichnen. Du brauchst nur einen Stift und ein Blatt Papier und dann kann es losgehen!

Die meisten Übungen in diesem Buch sind so konzipiert, dass du sie auch umsetzen kannst, wenn du keinerlei Vertrauen in deine Zeichenkünste hast. Blättre durch das Buch und suche dir eine Übung aus! Fange mit dem einfachsten (und witzigsten) Spiel im ersten Kapitel an oder gehe direkt zu den Spielen, die mit mehreren Materialien arbeiten – es macht Spaß, mit Farben zu experimentieren. Zum Schluss findest du Anregungen zum meditativen Zeichnen. Lass coole Musik laufen und entspanne dich mit einem der Tangle aus dem letzten Kapitel.

PS: Denke immer daran: Alle Kinder sind kreativ. Verliere niemals deine Kreativität.

PPS: Ich wette, dass deine Eltern liebend gerne mitmachen wollen.

Hier ist eine Liste mit den in diesem Buch verwendeten Materialien. Du kannst einige Dinge problemlos austauschen, wenn du lieber mit einem bestimmten Material arbeitest oder eines gerade nicht griffbereit hast.

- Permanentmarker mit feinen oder sehr feinen Spitzen
- Farbmarker/Filzstifte
- Wasserfarben und Pinsel
- Lineal oder Geodreieck
- Schwarze Zeichenstifte (z. B. von Faber Castell)
- Bleistift
- Schwarze Tusche

- Stempelkissen
- Zeichenstifte oder Ölpastelle

Kapitel

1

EINFACHE ZEICHENSPIELE

Für die meisten Spiele brauchst du einen Farb- oder Bleistift. Und ganz bestimmt eine ordentliche Portion Verrücktheit. (Ich weiß, dass etwas davon in dir steckt!) Als ich Ideen für dieses Buch sammelte, kamen mir andauernd neue Variationen der Vorschläge in den Sinn. Das solltest du auch probieren und dich nicht scheuen, den Projekten deinen ganz eigenen Stempel aufzudrücken.

Blättre einfach durch die Seiten und probiere die Spiele aus, die dir auf den ersten Blick am besten gefallen. Bei einigen musst du mit einem Partner arbeiten (oder ihr wechselt euch ab). Also bittest du am besten Freunde oder Familie um Hilfe.

Wenn du auf ein Zeichenspiel triffst, das dir besonders gut gefällt, dann spiele es mehrmals hintereinander. Du wirst feststellen, dass das Ergebnis jedes Mal anders ausfällt. Lege einen hohen Stapel Papier bereit (ich liebe weißes Kartonpapier) und zeichne und kritzle munter drauflos. Meist gibt es unterschiedliche Wege, um die Spiele umzusetzen. Und vielleicht wird dein dritter oder vierter Versuch dein absolutes Lieblingsbild!

GEOMETRIEBAUM

Diese witzige Zeichenübung kannst du einmal ausprobieren, wenn deine jüngere (oder ältere) Schwester (oder dein Bruder) dich total nervt und du einfach nur deine Zimmertür hinter dir zuknallen und entspannen möchtest. Verwende einen Farbstift mit feiner Spitze.

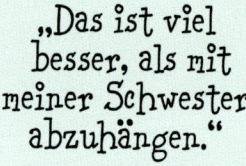

„Das ist viel besser, als mit meiner Schwester abzuhängen."

1 Beginne unten in der Blattmitte, zeichne einen senkrechten Strich über ein Viertel der Seite. Diese Linie wird dein „Baumstamm".

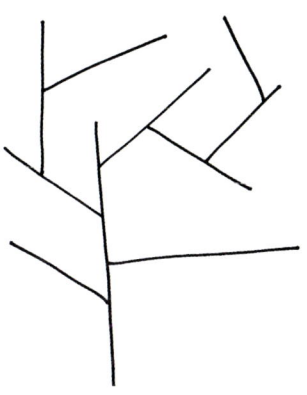

2 Zeichne einige gerade Linien als „Äste" an diesen Stamm. Lass dir Zeit und füge immer neue Äste hinzu.

3 Schließe nun die offenen Formen mit geraden Linien. Höre einfach auf, wenn du meinst, es reicht. War das nicht sehr entspannend?

Mehr Spaß

Schließe die offenen Flächen mit runden Linien, male die Formen bunt aus und füge noch einige Muster hinzu. Dieser Baum ist ein guter Anfang für viele weitere Zeichnungen!

FISCHSCHLEIFEN

Es macht riesigen Spaß, Fische zu zeichnen, vor allem, wenn du ein bisschen mogelst und deine eigenen Fische entwirfst. Wer weiß schon, was sich so alles am Boden des Meeres versteckt?

14

1  Zeichne mit einem feinen Marker oder Farbstift eine große geschlossene Schleifenlinie über die gesamte Blattseite.

2 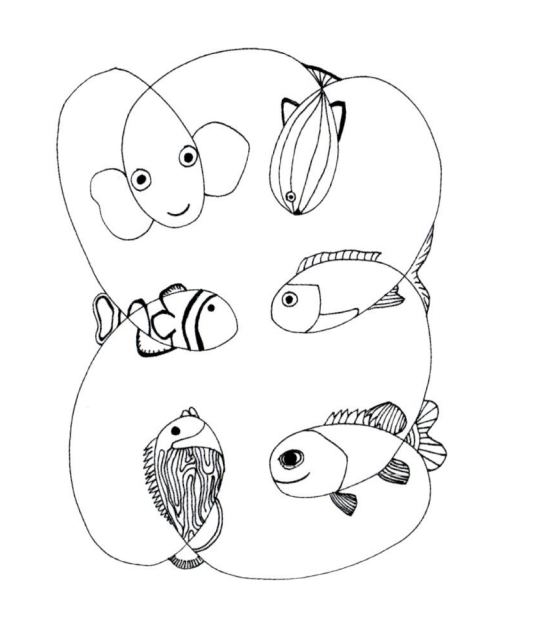 Verwandle alle Schlingen in Fische. Blubb, blubb, blubb.

Witzfiguren

Streckt dein Fisch die Zunge heraus? Vielleicht hat er sogar einen Schnurrbart ... oder trägt er Sonnenbrille oder Socken? Wer weiß?!?

„Blubb"

„Blubb"

„Blubb"

HORIZONTFIGUREN

Bei diesem einfachen Spiel verwandelst du wilde
Zickzacklinien in fantastische Kreaturen.

16

1 Zeichne mit einem Marker (mit feiner Spitze) eine gezackte Linie als Horizont waagerecht über die Mitte des Blatts. Dabei zeichnest du einige Formen über- und unterhalb der Linie ein.

2 Du ahnst schon, was jetzt kommt! Verwandle die oberen Formen in Monster!

„Auch wenn meine Haare ein Auge bedecken, so kann ich immer noch sehen, wie cool die Figuren aussehen."

Mehr Spaß

Wiederhole das Spiel. Doch diesmal verwandelst du die Linien in andere Gegenstände – Wolkenkratzer, kuriose Raupen und mehr.

WUNDERWÜRFEL

Hast du gelernt, Würfel zu zeichnen? Oft ist es schwierig, damit aufzuhören, wenn man erst einmal weiß, wie es geht. Und was macht noch mehr Spaß? Die Würfel mit Strichen verbinden! Das ist witzig, entspannend und sieht außerdem wie ein cooles, abstraktes mathematisches Kunstwerk aus.

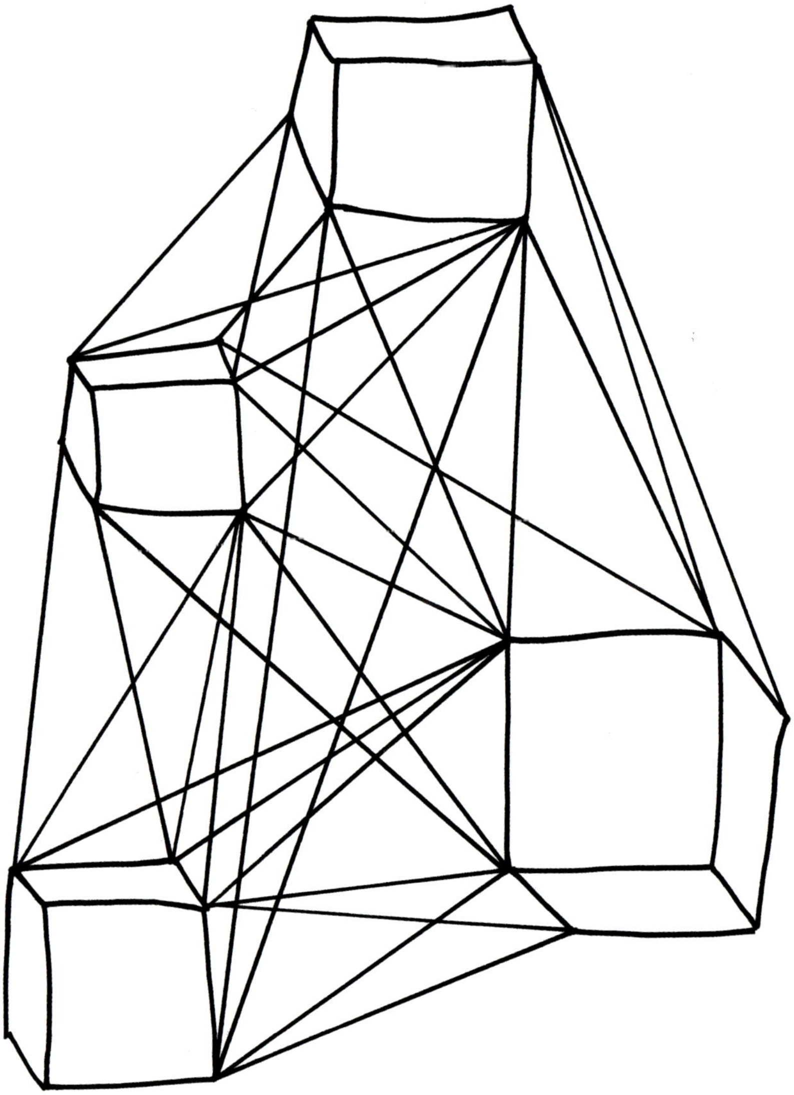

18

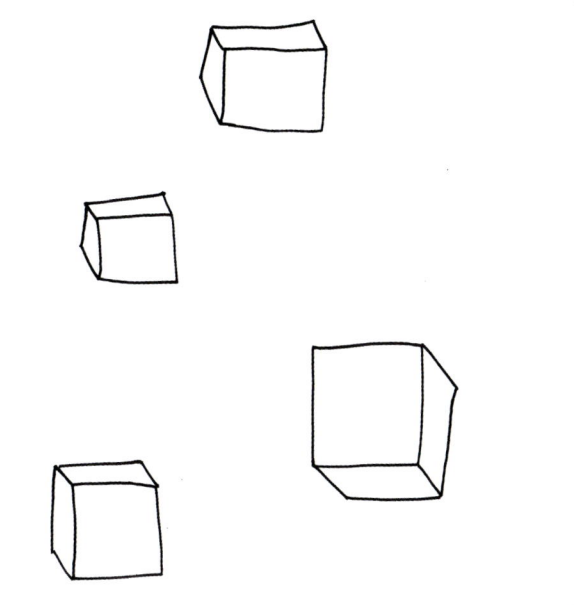

1 Zeichne zuerst einige Würfel auf das Blatt; und zwar so viele, wie du möchtest. Verteile sie großzügig auf dem gesamten Blatt.

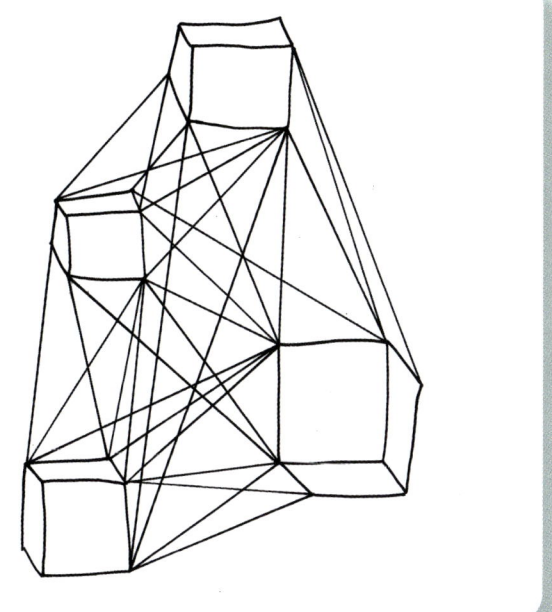

2 Verbinde mit einem Lineal die Würfel an den Ecken durch gerade Linien. Entscheide selbst, wie viele Linien du brauchst und wo du sie ansetzt. Denke aber nicht zu viel nach: Fange einfach an zu zeichnen und höre auf, wenn du aufhören möchtest.

Mehr Spaß

Diese Kästchen schreien förmlich nach Farbe, meinst du nicht? Oder nach wilden Tangle. Hier kannst du wirklich alles machen!

„Ich werde eine neue Kunstrichtung schaffen. Ich glaube, ich nenne sie Kubismus."

Spiel 5

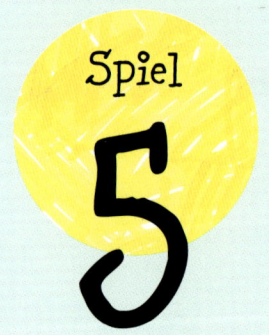

EIERKÖPFE

Es macht Spaß, Gesichter zu zeichnen, und noch mehr Spaß macht es, eine ganze Gruppe mit Gesichtern zu zeichnen. Fertige eine große Menschenmasse an und entdecke dabei, wie unterschiedlich Gesichtsausdrücke sein können.

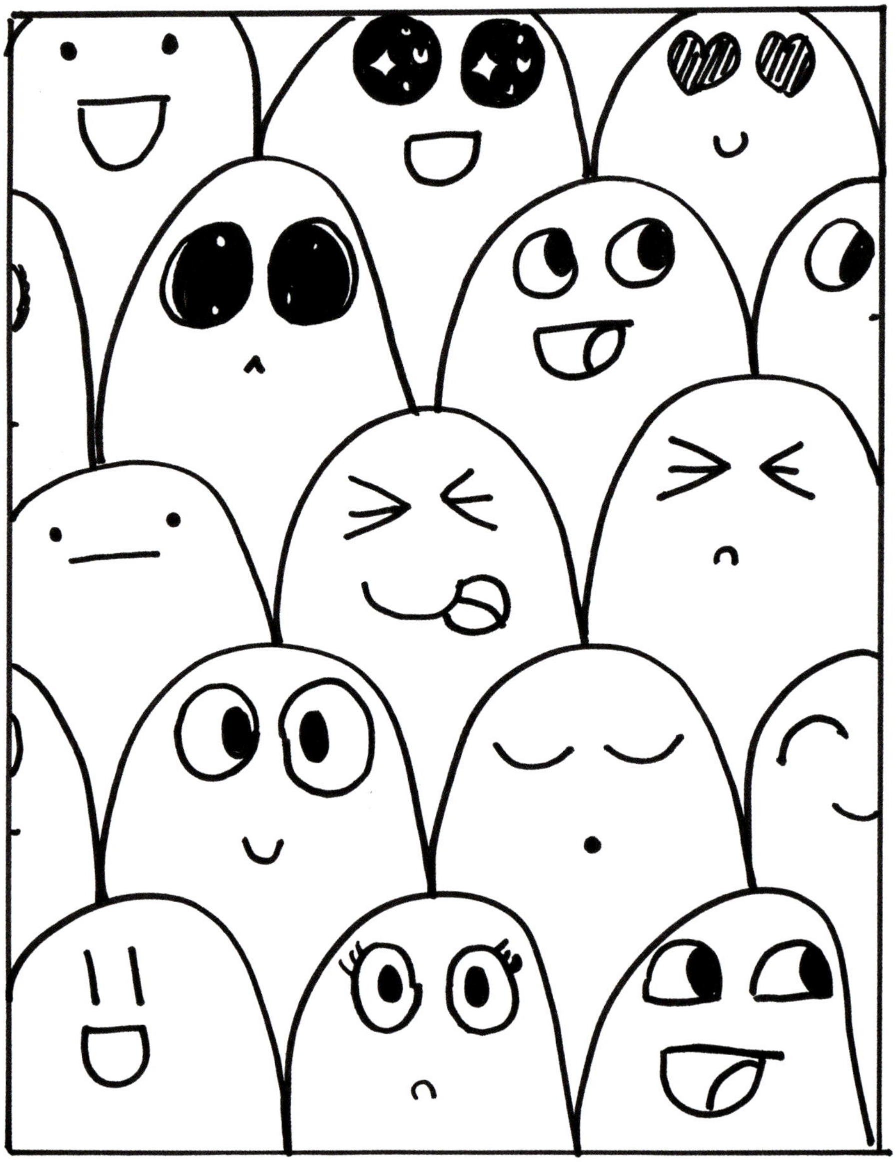

1 Zeichne unten auf die Blattseite eine Reihe mit ovalen Halbkreisen. Arbeite weiter, bis das ganze Blatt, so wie abgebildet, mit mehreren Reihen eierförmiger Halbkreise gefüllt ist.

2 Zeichne in die halben Ovale Gesichtsausdrücke. Fertig ist Familie Eierkopf!

Witzfiguren

Du kannst die Eierkopf-Gesichter ausschneiden, auf Eisstiele kleben und schon hast du ein komplettes Puppenspiel.

„Leider muss ich die ganze Packung mit Eis am Stiel essen, um diese Idee umzusetzen."

BUCHSTABENGRAFIKEN

Deine Initialen sind sehr persönlich und werden dich dein ganzes Leben lang begleiten. Warum machst du nicht ein ausgefallenes Kunstwerk daraus?

1 Mit etwas Übung kannst du deine Initialen als Druckbuchstaben, kursiv, als Groß- und Kleinbuchstaben und in dekorativen Schrifttypen schreiben.

Mehr Spaß

Entwirf deine eigene Visitenkarte und setze deine Lieblingsinitialen als Logo ein.

2 Wenn du dich etwas warmgeschrieben hast, kannst du dein Kunstwerk verfeinern: Doodel um die Initialen herum und experimentiere mit Blasenbuchstaben und anderen Verzierungen.

Spiel 7

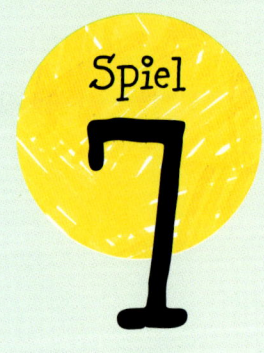

FÜNF-PUNKT-BILDER

Wenn du das Spiel einmal gemacht hast, kommst du nicht mehr davon los und zeichnest immer weiter. Es ist so wunderbar albern.

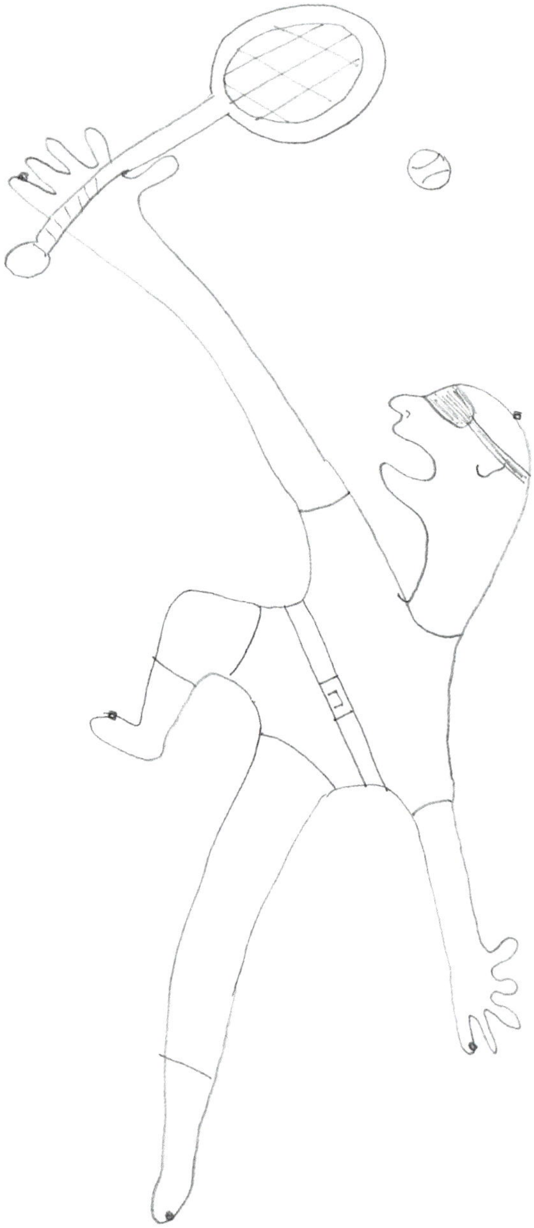

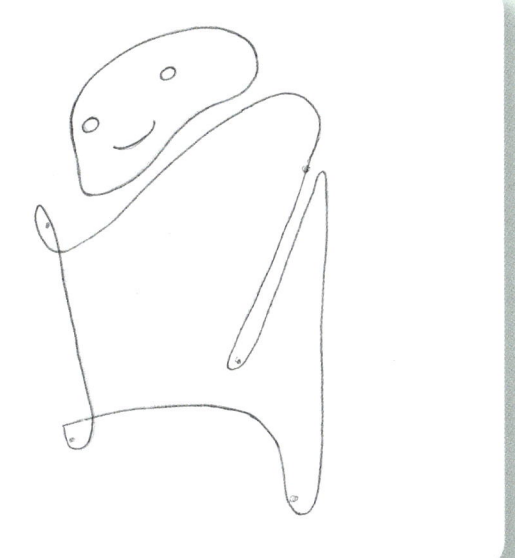

1 Verteile fünf Punkte beliebig auf dem Blatt Papier.

2 Zeichne mit einem Bleistift (oder einem Farbstift, wenn du mutig genug bist) eine Figur. Punkt 1 dient dabei als Kopf, die Punkte 2 und 3 werden zu Händen und die Punkte 4 und 5 zu Füßen.

„Vielleicht funktioniert diese Technik auch bei meinen Sommersprossen."

Witzfiguren

Zeichne die Figuren und tausche dabei teilweise die Punkte für Hände und Füße aus. So entstehen gewagte Posen. Aua!

Spiel 8

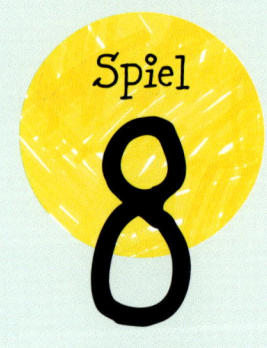

HANDMONSTER

Du hast bestimmt schon einmal den Umriss deiner Hand nachgezeichnet. Aber hast du die Linien jemals in ein echtes Monster verwandelt?

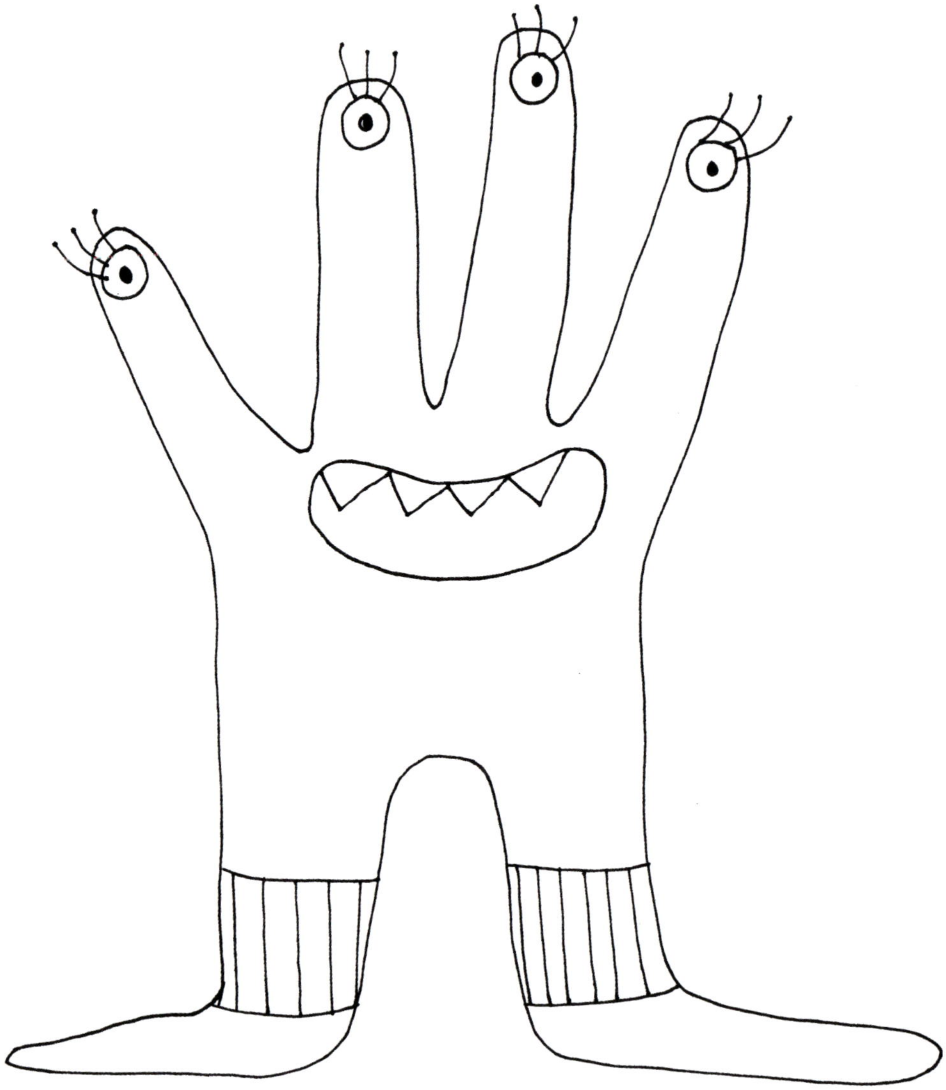

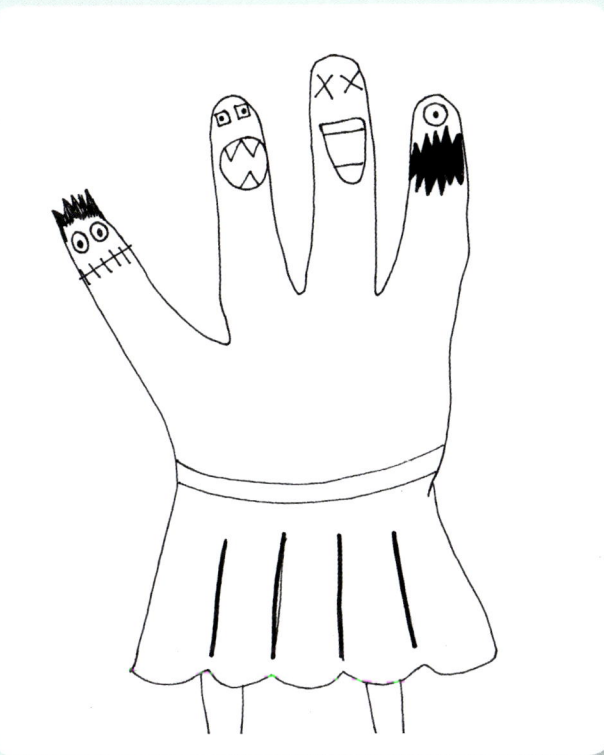

1 Ziehe mit einem Bleistift den Umriss deiner vier Finger nach, spare den Daumen dabei aus.

2 Der Umriss deiner Finger dient als Ausgangspunkt für deine Monsterfigur.

Witzfiguren

Es ist zwar ein bisschen albern, aber versuche einmal, deine Hand umzudrehen und ein echtes Meeresmonster zu erschaffen.

„Wenn ich meinen gesamten Körper auf den Kopf drehe, zeigt dann meine Hand nach oben?"

EINFACHE ZEICHENSPIELE

AUF DEN KOPF GESTELLT

Für dieses Spiel musst du dich auf den Kopf stellen und zeichnen! Okay, das war nur Spaß!

1 Suche ein Foto von einem Gegenstand oder einer Person heraus und lege es umgedreht vor dir hin.

2 Übertrage nun das Bild auf das Blatt Papier. Du musst genau hinsehen, damit du weißt, was du zeichnest. Es fühlt sich ganz ungewohnt an, Dinge auf dem Kopf zu zeichnen, oder?

Tipp

Beim Zeichnen vergisst du am besten, was genau du gerade zeichnest. Stelle dir einfach verschiedene Linien vor, die du abzeichnest.

„Na, wie habe ich das gemacht? Ich bin genial."

Spiel 10

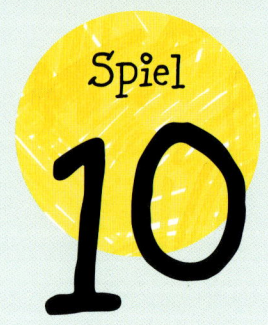

MALEN MIT FÜSSEN

Als wäre die Auf-dem-Kopf-Zeichnung nicht schon verrückt genug – als Nächstes malst du mit deinen Füßen! Hoffentlich musst du dir nicht die Nase zuhalten, wenn du deine Socken ausziehst!

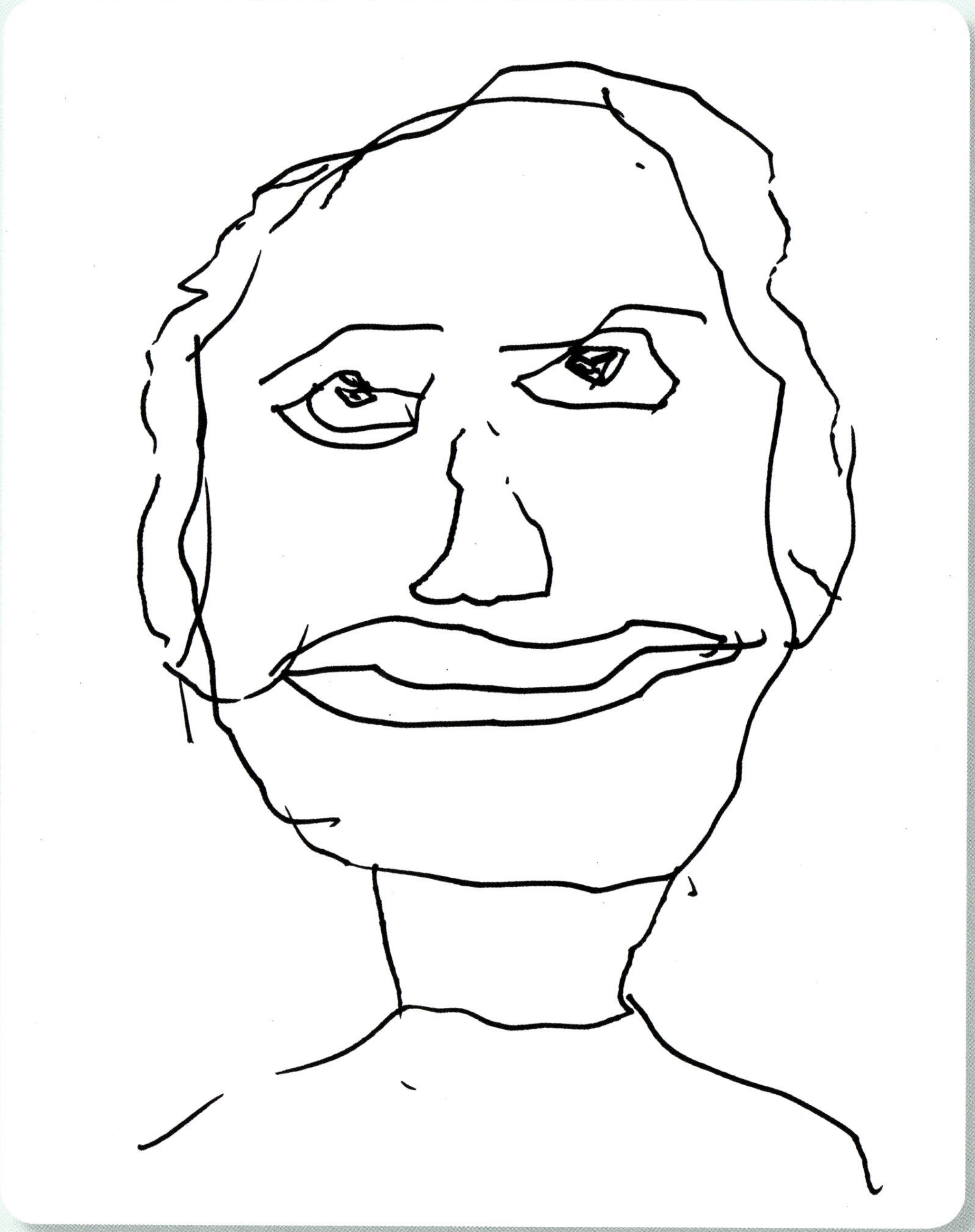

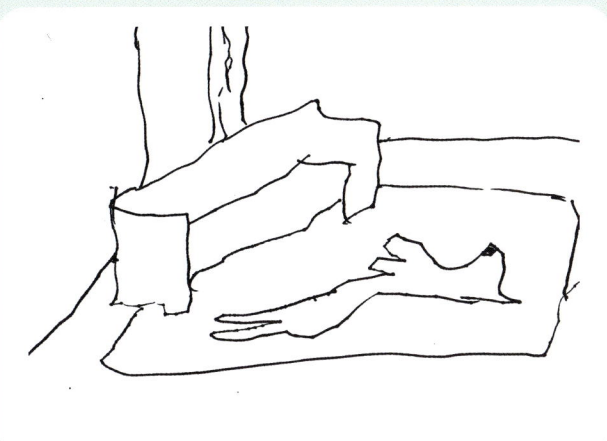

2 Lache, bis dein Bauch schmerzt. (Erkennst du auf diesem Bild meinen Hund, der schlafend vor dem Sofa liegt? Nein? Auch gut!)

1 Greife den Farb- oder Bleistift mit deinen Zehen und zeichne Personen oder Gegenstände.

„Jetzt kann ich Videospiele spielen und gleichzeitig mit meinem Fuß zeichnen."

Witzfiguren

Wäre es nicht völlig verrückt, mit beiden Füßen gleichzeitig zu zeichnen? Oder wie wäre es, denselben Gegenstand mit einem Fuß und mit einer Hand zu zeichnen? Du fängst an!

Spiel
11

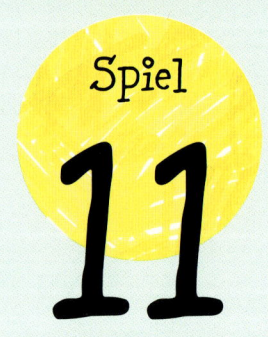

FÜNF-KREIS-GEMÄLDE

Ich glaube, die Zahl Fünf gefällt mir. Dieses Spiel ähnelt den Fünf-Punkt-Bildern von Seite 24, ist allerdings leicht abgewandelt.

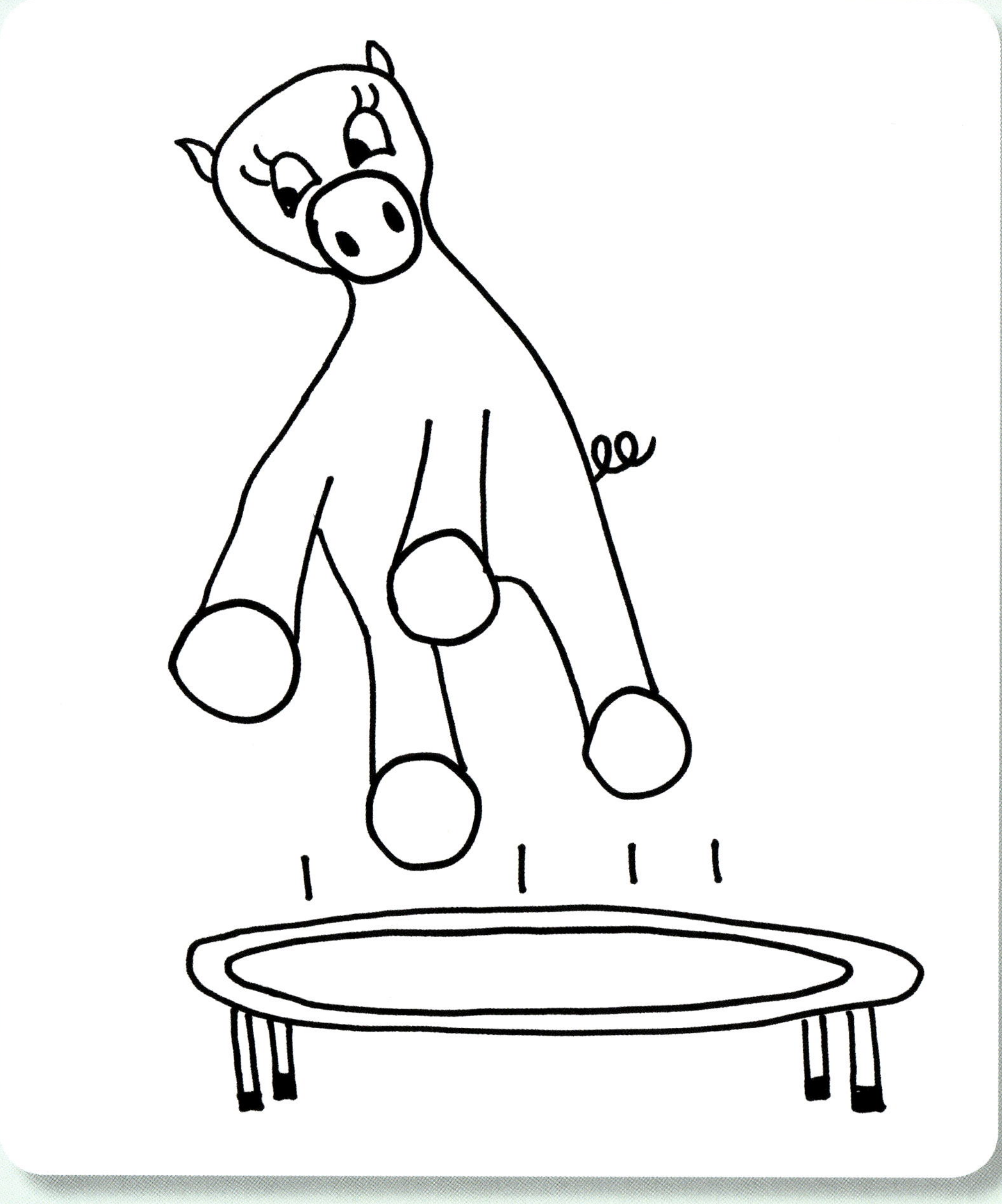

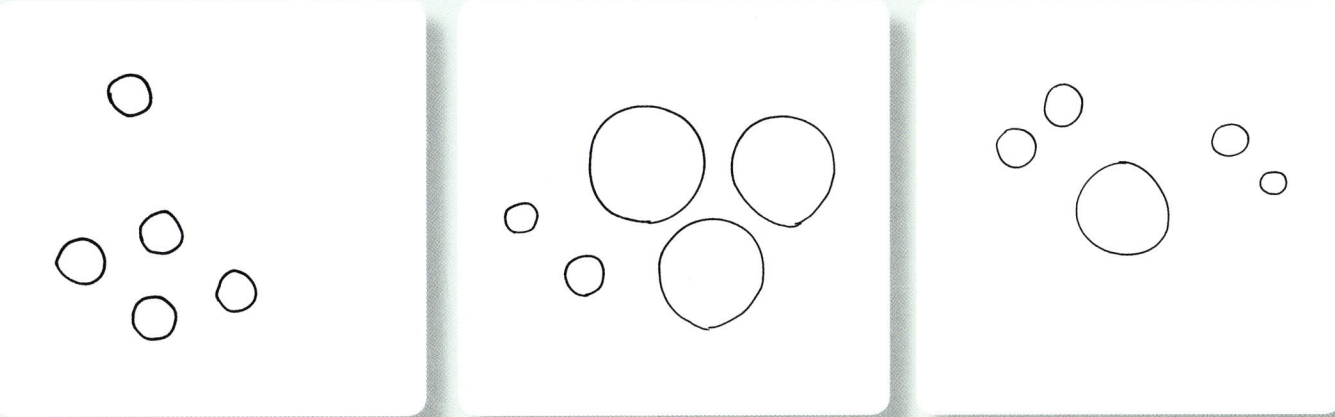

1 Zeichne fünf Kreise auf dein Papier. Verteile sie willkürlich und variiere sie auch in der Größe.

2 Nutze die Kreise als Ausgangspunkt für fantasievolle Figuren. Du kannst entweder fünf unterschiedliche Motive wählen oder alle fünf Kreise zu einer großen Zeichnung zusammenfassen – alles ist möglich. (Manchmal ist es witzig, einfach nur fünf lachende Gesichter zu zeichnen.)

Mehr Spaß

Kreise sollten schön rund sein. Vermutlich wirst du ein ganzes Blatt füllen, bis du sie perfekt rund zeichnest.

„Manchmal laufe ich im Kreis herum, weil mir gerne schwindlig wird."

Kapitel

2

SPIELE MIT FREUNDEN

Frage: Wie wird eine Zeichnung wirklich absolut witzig? Antwort: Lade ein paar Freunde ein und macht die Spiele zusammen! Etwas zum Knabbern wäre nicht schlecht, muss aber nicht unbedingt sein. Ihr werdet euch vor Lachen wahrscheinlich gar nicht mehr einkriegen.

Ideen für weiteren Spielspaß:

- Wenn du die Spiele zusammen mit Freunden machst, könnt ihr abwechselnd eines aussuchen.

- Wenn du dich an der Grundvariante eines Spiels versucht hast, kannst du es noch kreativer gestalten. Ich FORDERE DICH AUF, das unbedingt zu tun!

- Wenn ein Freund sich nicht geschickt anstellt, frage deine Eltern. (Sie werden von deinen Fähigkeiten und deiner Originalität völlig aus dem Häuschen sein!)

SYNCHRONZEICHNEN

Dieses Projekt eignet sich für zwei Personen. Du brauchst dazu zwei Farbstifte oder feine Marker.

36

1 Falte das Papier in der Mitte. Dann entscheidet ihr, wer der „Vorzeichner" und wer der „Nachzeichner" sein soll.

2 Setzt die Stifte am oberen Blattrand an und beginnt an der Falzlinie zu zeichnen. Der Vorzeichner zeichnet von der Mitte aus eine Form auf, die dann zum unteren Blattrand verläuft. Der Stift wird dabei nicht abgesetzt. Möglichst langsam arbeiten, damit der Nachzeichner sieht, was gezeichnet wird, und die Linien auf seiner Seite übernehmen kann. Versuche, eine leicht erkennbare Form zu zeichnen, aber am Anfang ist es bestimmt einfacher, sich auf einfache Umrisse zu beschränken.

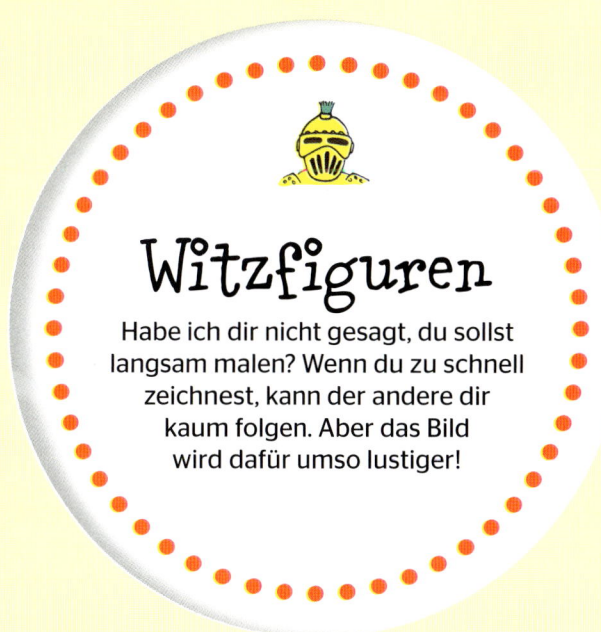

Witzfiguren

Habe ich dir nicht gesagt, du sollst langsam malen? Wenn du zu schnell zeichnest, kann der andere dir kaum folgen. Aber das Bild wird dafür umso lustiger!

MARTERPFAHL-FRATZEN

Marterpfähle sind für dieses Spiel einfach perfekt geeignet.
Du kannst es mit zwei bis fünf Personen spielen.

1 Der erste Spieler fängt oben auf dem Blatt an und zeichnet ein Fratzengesicht.

2 Nun wird das Blatt nach hinten gefaltet und an den nächsten Spieler weitergegeben. Vergesst nicht, an den Enden der Fratzen Markierungen zu setzen.

Mehr Spaß

Verwendet für dieses Projekt ein langes Stück Papier von einer Rolle.

„Du bist folgsam, kleine Schwester!"

„Heißt das, ich muss dir und deinen Freunden immer folgen?"

3 Zeichnet so weiter, bis der letzte Spieler die Marterpfahl-Fratze vollendet hat.

Spiel
14

FORMEN DEUTEN

Bei diesem Spiel ratet ihr abwechselnd, was die gezeichneten Formen des anderen darstellen könnten.

40

1 Zeichne mit einem Bleistift beliebige geschlossene Figuren auf das Blatt Papier.

2 Gib deinem Freund Radiergummi und Bleistift. Er kann nun Teile der Linien ausradieren und mit dem Bleistift deine Formen in coole Figuren oder Gegenstände verwandeln.

Mehr Spaß

Legt vorher fest, was ihr malen wollt. Ihr könnt beispielsweise Lebensmittel malen! Oder nur Gesichter! Oder die Formen in Schuhe verwandeln!

„Ich mache aus diesen Formen anspruchsvolle Charaktere."

WÜRFELFIGUREN

Da du dich hier auf wenige Grundformen beschränkst, musst du dich von den gewohnten Zeichentechniken für Körperteile lösen. Jeder Spieler malt der Reihe nach die Teile der Liste auf der nächsten Seite. Die zu zeichnende Form wird durch das Würfeln vorgegeben.

42

1 Zunächst würfeln die Spieler, welche Form sie für den ersten Körperteil, den Kopf, verwenden. Dann schauen die Spieler auf der Liste nach, um zu sehen, welche Form sie verwenden sollen. Würfelt also ein Spieler zum Beispiel eine Drei, muss er den Kopf aus einer Zickzacklinie zeichnen. Arbeitet euch durch alle zehn Körperteile und würfelt vor dem Weiterzeichnen.

2 Jeder Spieler kann seine eigene Figur zeichnen oder zusammen mit allen Spielern eine Figur zusammensetzen. Immer reihum würfeln.

Zeichen-Reihenfolge:

1. Kopf
2. Nase
3. Augen
4. Mund
5. Körper
6. Arme
7. Beine
8. Hände
9. Füße
10. Haare

Würfel-Zuordnung:

1: Quadrat
2: Kreis
3: Zickzacklinie
4: Dreieck
5: Gerade Linie
6: Spirale

Tipp
Du musst pro Körperteil nicht nur eine Form zeichnen. Wenn du zum Beispiel ein Dreieck würfelst, kannst du die Haare auch aus vielen Dreiecken zusammensetzen.

Spiel 16

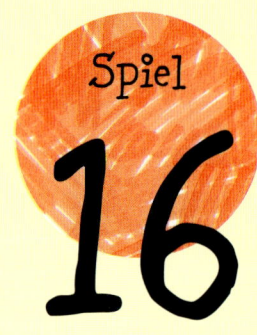

ÜBERRASCHUNGSRAHMEN

Das sind keine normalen Rahmen!

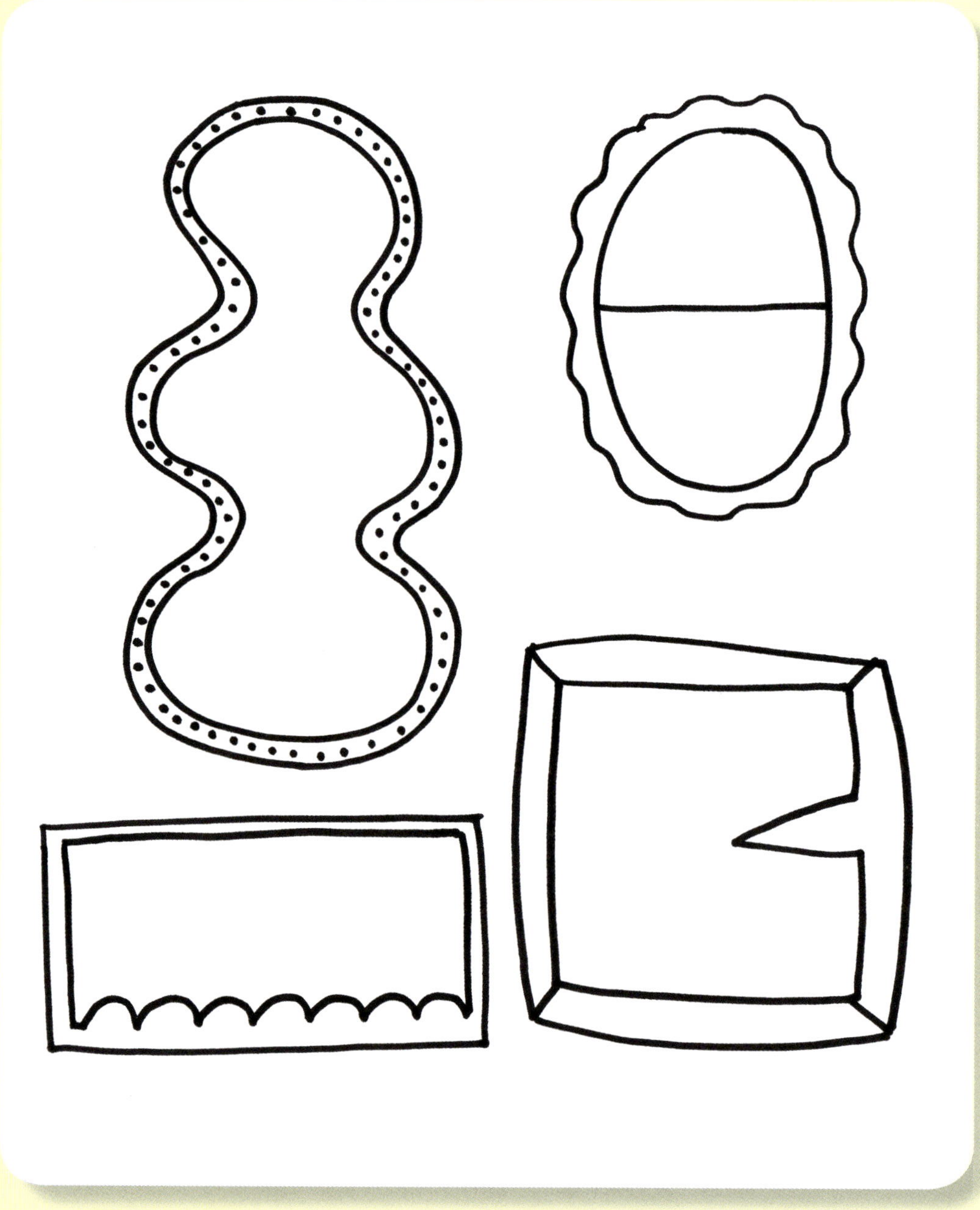

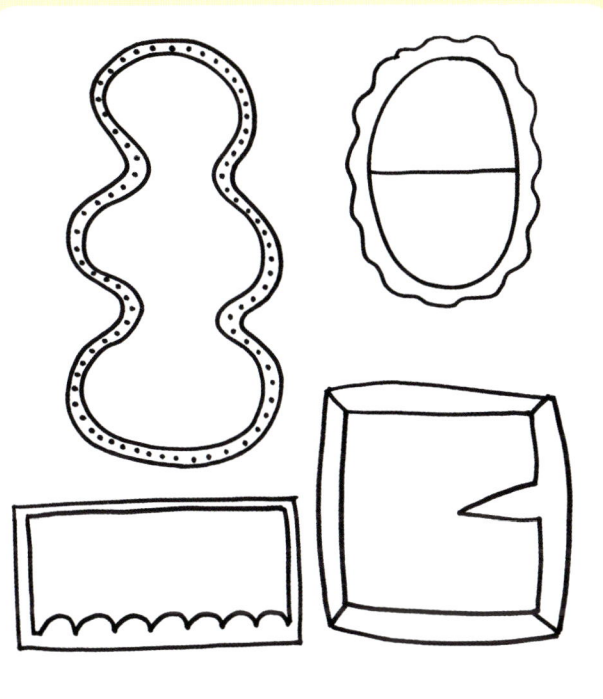

„Hat da jemand ‚gut aussehend'
gesagt?"

1 Arbeite mit einem Freund zusammen. Jeder von euch zeichnet ein Blatt voller Rahmen.

2 Du kannst die Formen der Rahmen selbst bestimmen. Füge in jeden Rahmen ein überraschendes Element ein, das dein Freund in seine Zeichnung integrieren muss.

Mehr Spaß

Zeichne große Rahmen auf, die das gesamte Blatt füllen. Schneide sie aus und verziere sie, male sie aus und hänge sie im ganzen Haus auf.

Spiel 17

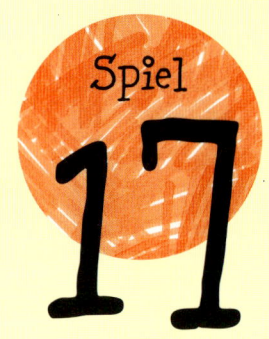

WECHSELZEICHNUNGEN

Spiele dieses lustige Zeichenspiel zusammen mit einem Freund und zeichnet abwechselnd ein Gesicht oder eine Figur.

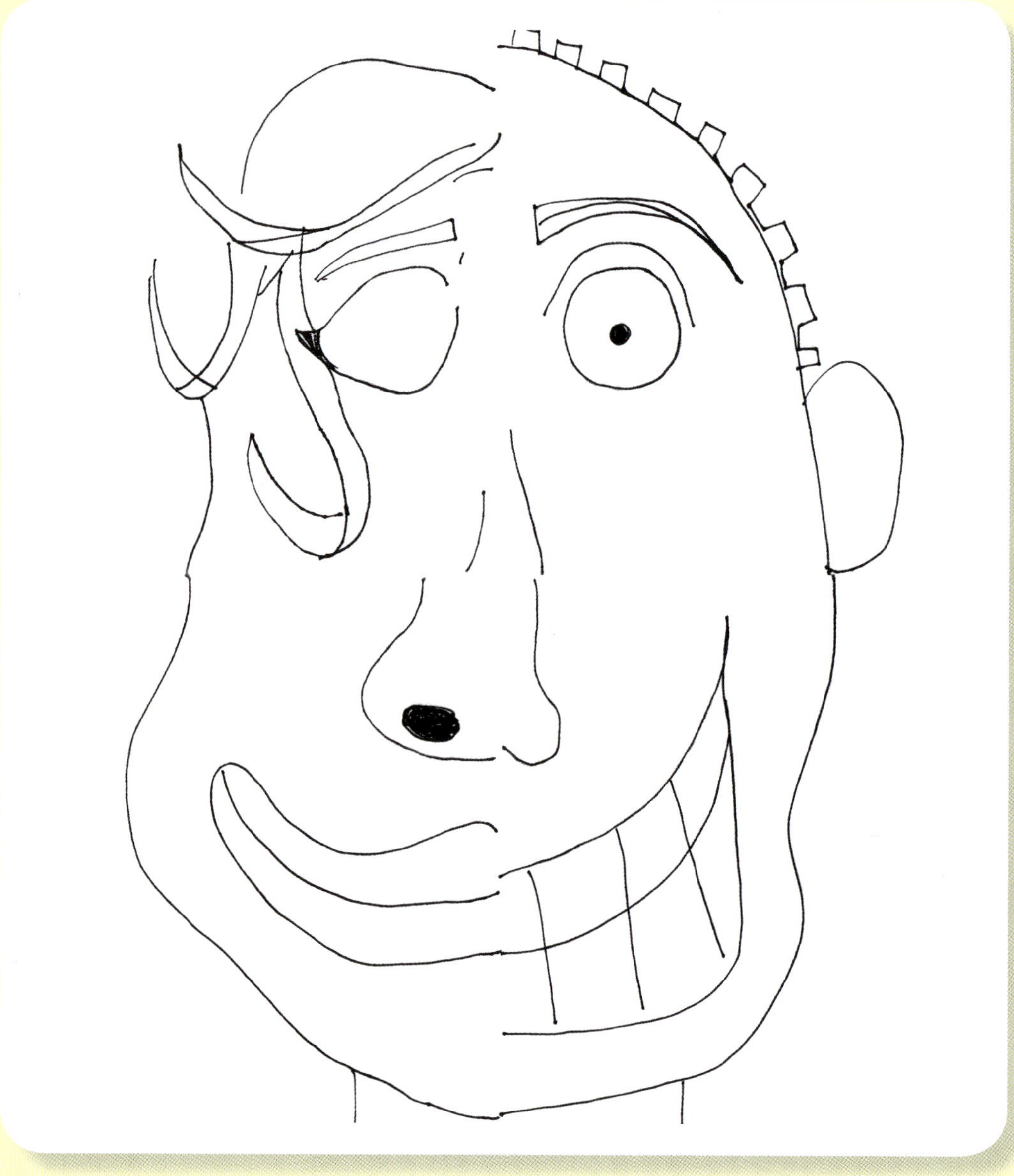

1 Falte dein Blatt in der Mitte einmal senkrecht oder waagerecht.

2 Zeichne eine Hälfte des Gesichts oder der Figur – die linke oder rechte Hälfte, wenn das Papier längs gefaltet ist, oder die obere oder untere Hälfte, wenn es waagerecht gefaltet ist. Zeichne noch ein kleines Stück in die Blatthälfte deines Freunds hinein, damit er weiß, wo er ansetzen soll. Nun vollendet dein Freund die andere Hälfte des Blatts.

Mehr Spaß

Versuche einmal, die Seite anders zu falten, etwa in Viertel und Drittel. Experimentieren lohnt sich!

ROBOTERPUZZLE

Roboter zeichnen macht Spaß und ist nicht schwierig! Zeichne die Einzelteile mit bis zu fünf Freunden und schaut euch zusammen an, welche verrückten Apparate ihr kreiert habt.

1 Jeder Mitspieler bekommt ein Stück Papier, eine Minute Zeit und malt ein Roboterteil auf sein Blatt.

2 Ist die Zeit abgelaufen, gibt jeder Spieler sein Blatt der links sitzenden Person (oder ihr tauscht es aus, wenn ihr zu zweit seid) und malt noch eine weitere Minute.

3 Das Spiel ist zu Ende, wenn alle Zeichnungen fertig sind. Auch wenn der Roboter bereits komplett ist, so kannst du noch einige spannende Details und Einzelteile hinzufügen. So wird dein Roboter nach und nach immer perfekter!

Mehr Spaß

Erwecke deine Roboterzeichnung zum Leben und baue einen 3-D-Roboter mit Resten aus der Mülltonne.

„Manchmal fühle ich mich fast wie ein Mensch."

Spiel 19

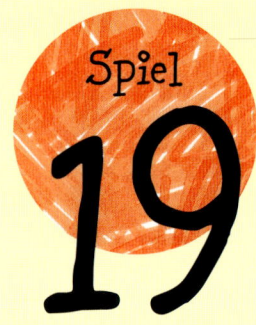

BLINDE PORTRÄTMALEREI

Es ist wirklich schwierig, bei diesem Spiel nicht zu lachen. Am besten spielst du es mit einem Freund.

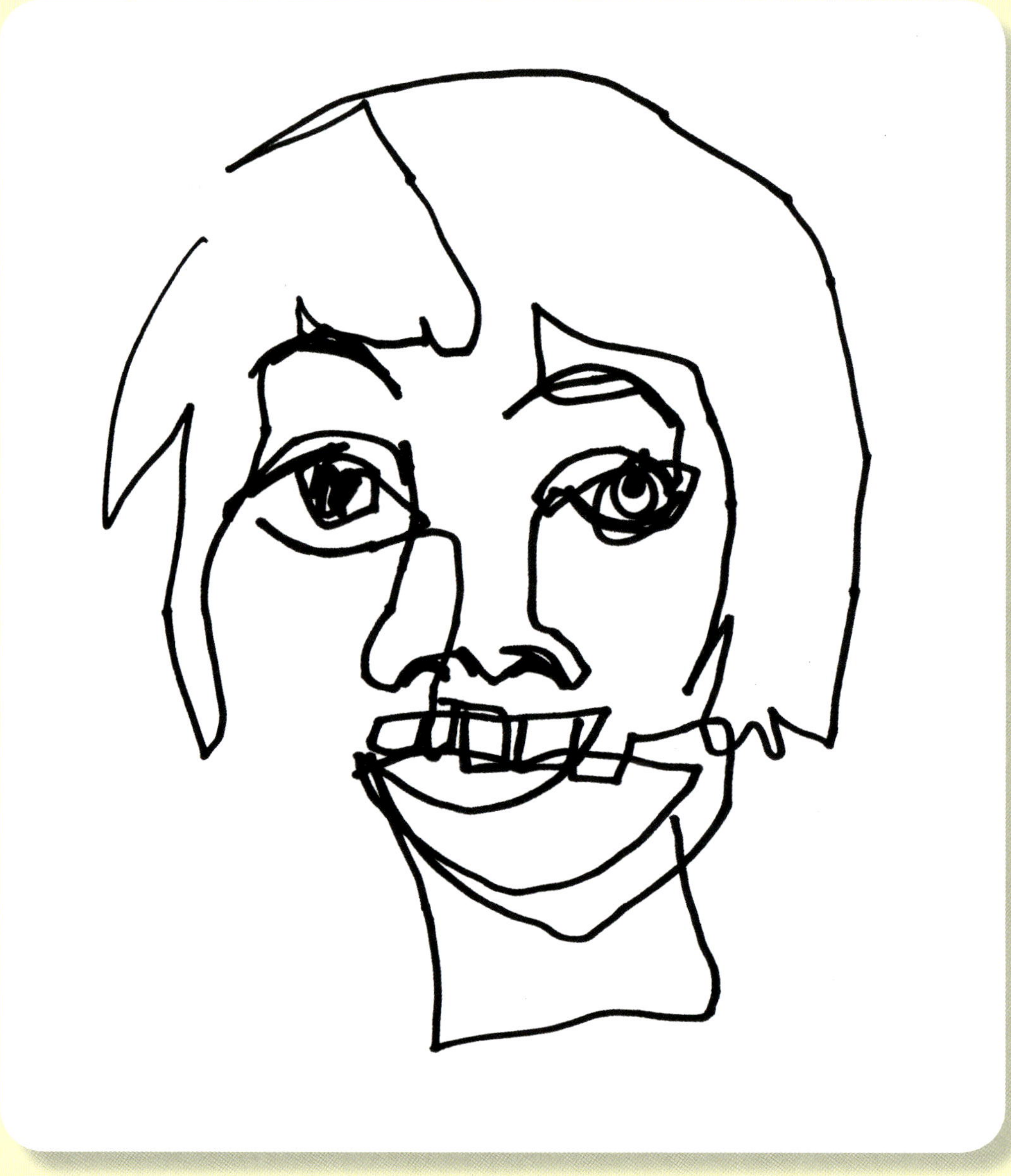

1 Jeder Spieler bekommt ein Blatt Papier sowie einen Farb- oder Bleistift. Die Spieler sitzen sich gegenüber.

2 Ohne den Stift abzusetzen und OHNE auf das Papier zu schauen, malt ihr jeweils das Porträt des anderen.

Tipp

Das Bild sollte nicht zu perfekt werden – zeichne mit zügigen fließenden Bewegungen und folge mit deinen Augen den Linien des Gesichts, während du es zu Papier bringst.

Spiel 20

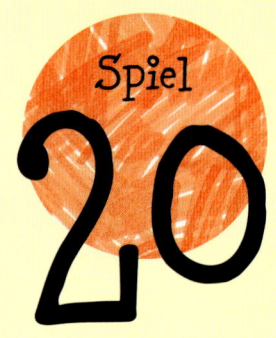

FANTASIETIERE

Es wäre sicherlich spannend, im echten Leben auf einige dieser Tierarten zu treffen. Ihr könnt die Motive gemeinsam gestalten oder ihr zeichnet für euch alleine und spickt immer wieder mal zur Zeichnung des anderen.

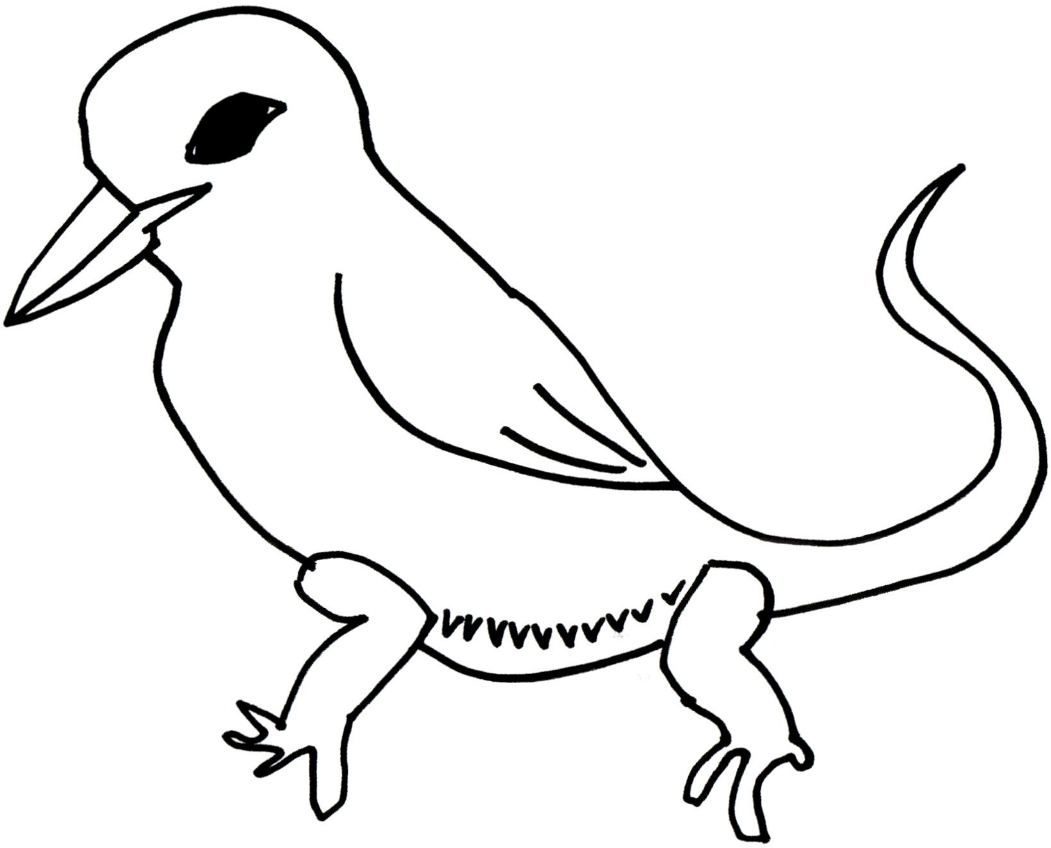

1 Würfle zunächst einmal, um festzu-
legen, welches Tier die vordere Hälfte
zeigen soll:
1: Elefant
2: Affe
3: Vogel
4: Fisch
5: Giraffe
6: Schildkröte

2 Zeichne die vordere Hälfte.

3 Würfle nochmals und lege fest, wie
die hintere Hälfte aussehen soll:
1: Schlange
2: Katze
3: Ameise
4: Marienkäfer
5: Schwein
6: Echse

Mehr Spaß

Wenn du genug von diesen
Kombinationen hast, kannst du
die Listen für vorne und hinten
auch austauschen.

4 Zeichne nun die hintere Hälfte.

SPIELE MIT FREUNDEN

Spiel 21

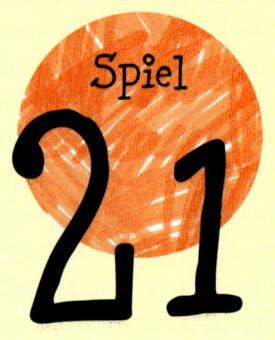

KRITZELFIGUREN

Kritzeleien machen super viel Spaß, aber schau dir einmal dein Gekritzel ganz genau an – es ist, als würdest du versuchen, Figuren in den Wolken zu suchen!

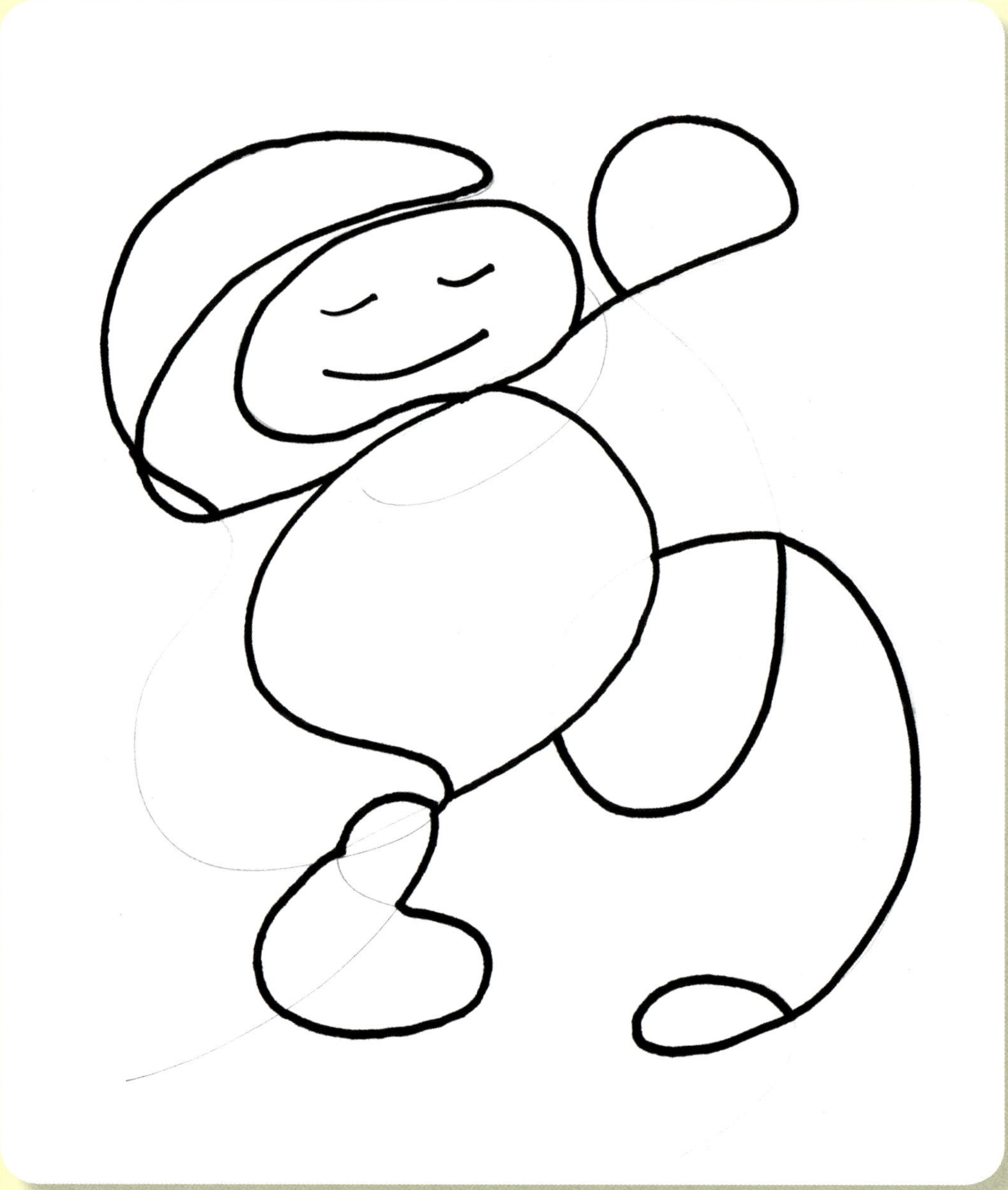

1 Zeichne mit einem Bleistift Kritzeleien auf das Blatt Papier.

2 Gib das Blatt deinem Freund, der dir dann sein Blatt mit Kritzeleien gibt.

3 Schau dir das unterschiedliche Gekritzel an, entdecke darin Formen und ziehe die Umrisse mit einem Farbstift nach. Du kannst auch einige Kritzeleien ausradieren, die innerhalb der Umrisse liegen, falls sie dich stören.

Mehr Spaß

Zeichne unterschiedliche Kritzeleien – versuche dich an großen Schleifen oder probiere es mit Zickzacklinien.

22

SCHATTENZEICHNUNG

Dieses Spiel ist einer meiner absoluten Favoriten. Suche zuerst im ganzen Haus nach Spielzeug, Bechern, Utensilien und anderen interessant geformten Gegenständen, die dir in die Finger kommen.

1 Bitte einen Freund, mit einer Taschenlampe auf eine leere weiße Wand zu leuchten, während du einen Gegenstand zwischen Lichtquelle und Wand hältst. Hefte dann ein Blatt Papier an die Wand, genau mittig über den Schatten des Gegenstands. Zeichne die Umrisslinien des Gegenstands auf dem Papier nach.

2 Drehe das Papier auf der Wand um 90 Grad und übertrage einen weiteren Gegenstand. Achte darauf, dass sich die Bilder interessant überschneiden.

3 Fahre fort, bis du drei bis fünf Objekte übertragen hast, je nachdem, wie dir das fertige Bild gefällt.

Tipp

Mit verschiedenen Farbmarkern wird dein Bild besonders cool. Versuche, das Profil eines Freunds zusammen mit einigen Gegenständen zu Papier zu bringen. Vielleicht wünscht er sich ja ein besonderes, sehr originelles Porträt.

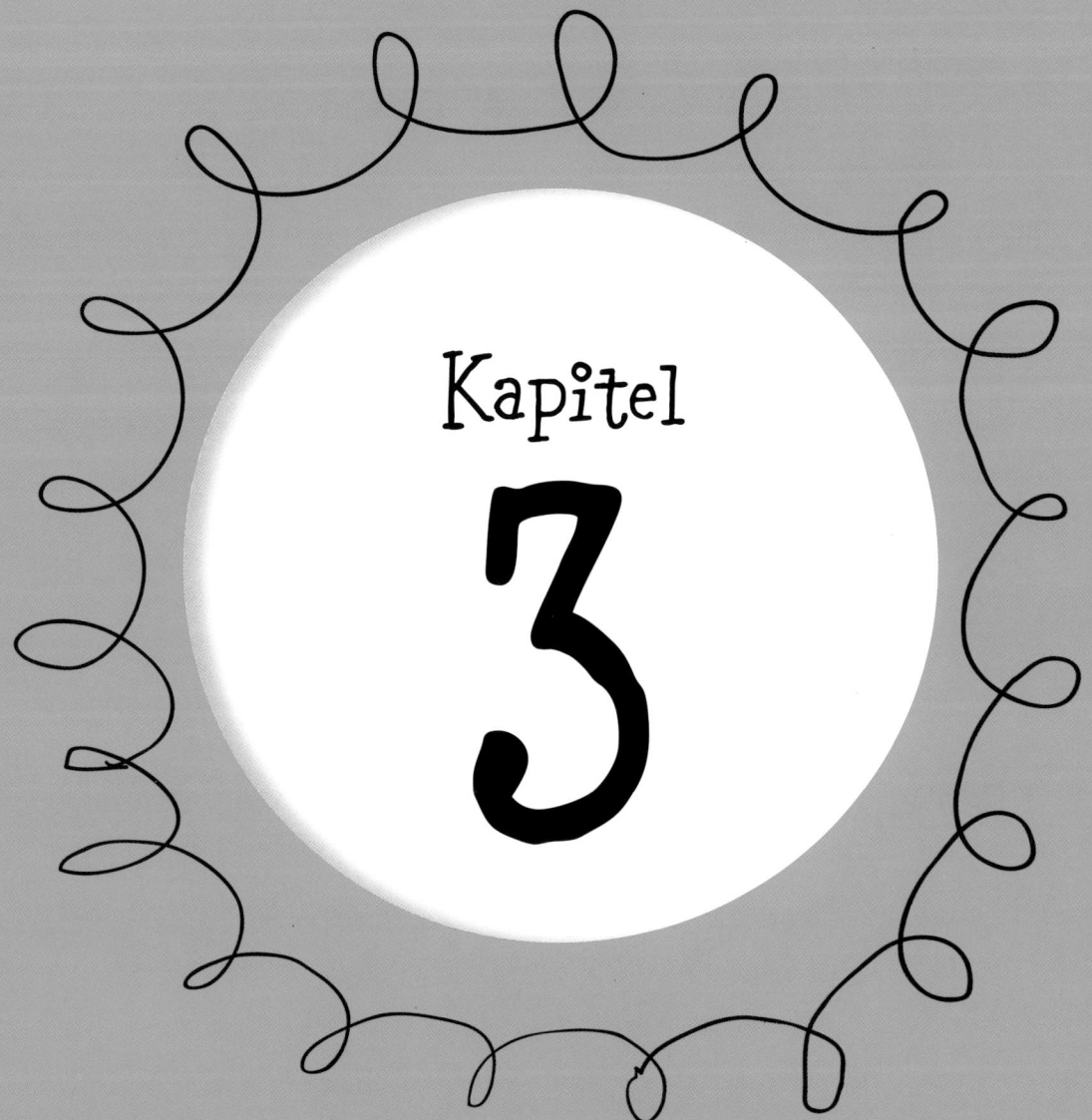

Kapitel

3

MISCHTECHNIK-SPIELE

Du konntest dich mit den einfachen Zeichenspielen und den Spielen mit Freunden schon ein wenig aufwärmen. Jetzt wird es richtig bunt und wir bringen weitere Künstlermaterialien ins Spiel. Auf den nächsten Seiten findet eine coole Mischtechnik-Zeichen-Party statt.

Ich habe auf allzu verrückte Sachen (wie Teer, Polyurethan oder Hundefell) verzichtet, um auch denen unter euch entgegenzukommen, die keine Konzeptkünstler werden wollen. Ich hoffe aber, dass du bereits Wasserfarben und farbige Permanentmarker besitzt. Natürlich ist auch ein Besuch im Laden für Künstlerbedarf immer sehr inspirierend, denn dort gibt es unendlich viel zu entdecken. Wenn für ein Spiel besonderes Material benötigt wird, das du gerade nicht im Haus hast oder ganz schrecklich findest, kannst du es problemlos austauschen.

Genau wie bei den vorigen Zeichenspielen kannst du auch hier wieder munter experimentieren, nachdem du die Zeichenspiele mindestens einmal ausprobiert hast. Entspanne dich, lass dir Zeit und stürze dich ins Abenteuer! Viel Spaß dabei!

Spiel
23

INITIALZÜNDUNG

Mit Papier, Farbstiften und Klebstoff kannst du deine Initialen in abstrakte Formen verwandeln.

1 Lege Lineal, Bleistift und Schere bereit. Miss, zeichne und schneide aus einem Papier ein 15 × 15 cm großes Quadrat aus und zeichne deine Initialen in großen Druckbuchstaben auf das Blatt. Male das gesamte Muster mit kräftigen, bunten Farben oder Streifenmustern aus.

2 Schneide das Quadrat in vier gleich große Quadrate. Ordne diese neu an, bis dir das Muster gefällt, und klebe sie auf ein Stück Papier. Daraus kannst du mit deinen Freunden eine witzige Collage basteln.

Mehr Spaß

Schneide aus einem großen Blatt Papier ein 23 x 23 cm großes Quadrat aus, zeichne deine Initialen auf und schneide das Quadrat in neun gleich große Quadrate. Setze diese kleineren Stücke zu einem neuen kreativen Muster zusammen.

Spiel 24

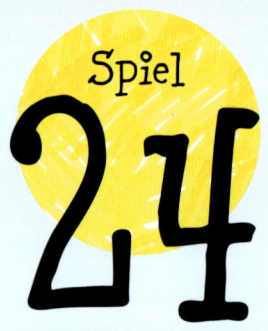

ZAUBERMUSTER

Für dieses Projekt zum Abpausen kannst du Wachsmalstifte oder Ölpastelle verwenden. Ach ja, verwende zum Zeichnen einen Kugelschreiber oder einen Bleistift.

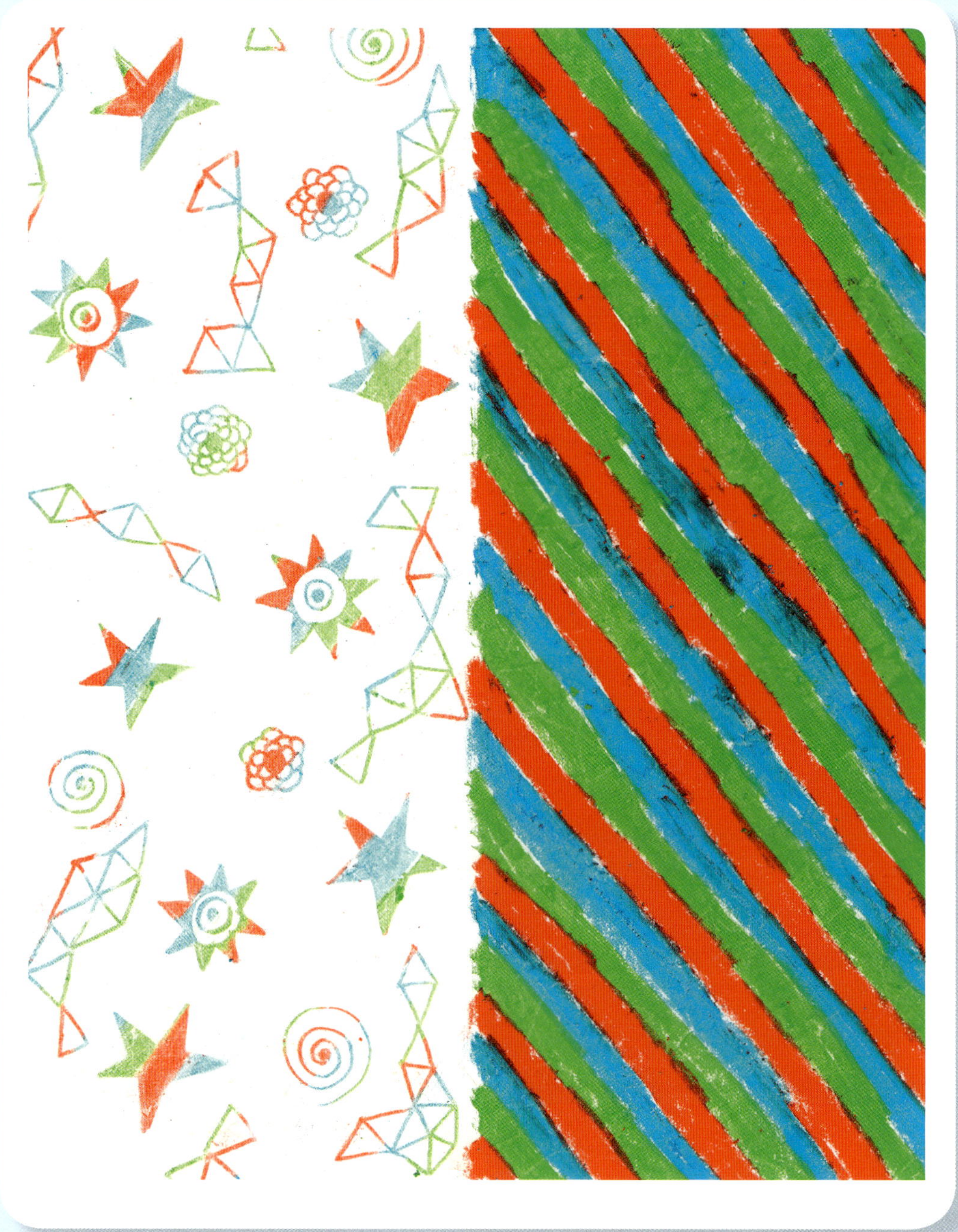

A

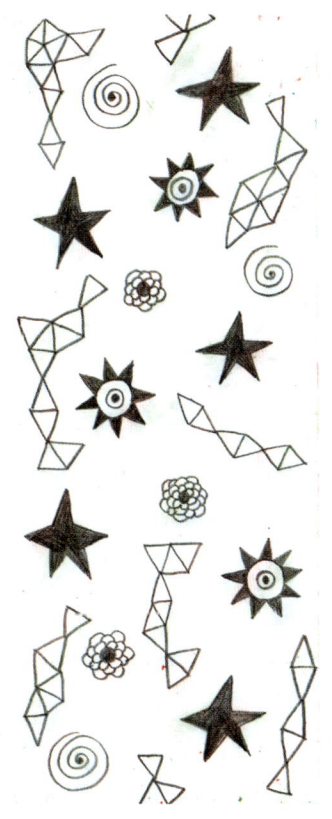

B

1 Falte das Papier in der Mitte zusammen, falte es wieder auseinander und lege es flach vor dir hin.

2 Zeichne mit Ölpastellen oder Wachsmalstiften farbige Streifen auf die rechte Blattseite. Die Linien können in beliebige Richtungen zeigen (A). Drücke möglichst kräftig auf, damit die Farben gut abgeben. (Ich reduziere die Stifte meist um die Hälfte, weil ich mit meiner übermenschlichen Stärke fürchterlich fest aufdrücke.)

3 Falte die ausgemalte Blatthälfte über die leere Hälfte. Zeichne mit einem Stift oder Bleistift über die Rückseite der bemalten Seite (B). Überall dort, wo du zeichnest, wird Farbe auf die leere Seite gepaust.

Tipp

Wenn du nicht auf der Rückseite der ausgemalten Seite zeichnen möchtest, kannst du ebenso gut auf einem anderen Blatt zeichnen, das du einfach auflegst.

MISCHTECHNIK-SPIELE

Spiel

25

SCHWERKRAFTZEICHNUNGEN

Für dieses Spiel benötigst du ein Gefäß mit Tusche und eine Pipette.

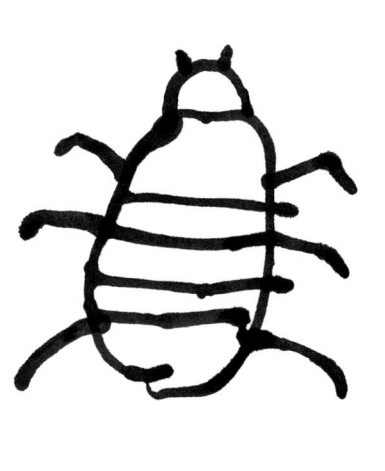

1 Führe die Pipette in das Tuschegefäß und drücke sie zusammen, bis sie vollkommen mit Tusche gefüllt ist. Tropfe die Tusche nun in eine Ecke des Papiers.

2 Neige das Blatt, damit die Tusche in jede von dir gelenkte Richtung verlaufen kann. Tropfe die Tusche in verschiedene Ecken, bis dein Motiv fertig ist.

„Gesichter! Süßigkeiten! Tiere! Hiermit lässt sich einfach alles zeichnen!"

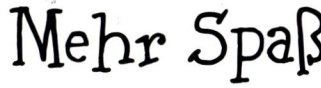

Mehr Spaß

Arbeite mit einem Freund zusammen. Noch anspruchsvoller wird das Spiel, wenn dir dein Freund einen Begriff zuruft, den du mit der Tusche auf Papier tropfst.

MISCHTECHNIK-SPIELE

LINIENTIERE

Zeichnen, ohne den Stift abzusetzen, bringt ganz erstaunliche und ungewöhnliche Kunstwerke hervor. Versuche es selbst einmal!

A

B

1 Suche in einem Buch oder im Internet ein Bild von deinem Lieblingstier.

2 Zeichne das Gesicht auf das Blatt Papier, ohne dabei den Stift abzusetzen – nimm den Stift nicht vom Blatt (A).

3 Wenn du das Tier gemalt hast, setze kleine Ornamente in das Gesicht – auch dabei setzt du den Stift nicht ab.

4 Male das Gesicht aus (B).

Tipp

Noch mehr Spaß macht es, wenn du deine Linien im gleichmäßigen Tempo zeichnest. Möglichst nicht in Etappen arbeiten: Lass den Stift einfach über das Blatt gleiten.

MISCHTECHNIK-SPIELE

FINGERABDRUCK-ENTDECKUNGEN

Setze beliebige Fingerabdrücke auf ein Blatt. Schau sie dir genau an und überlege, woran sie dich erinnern.

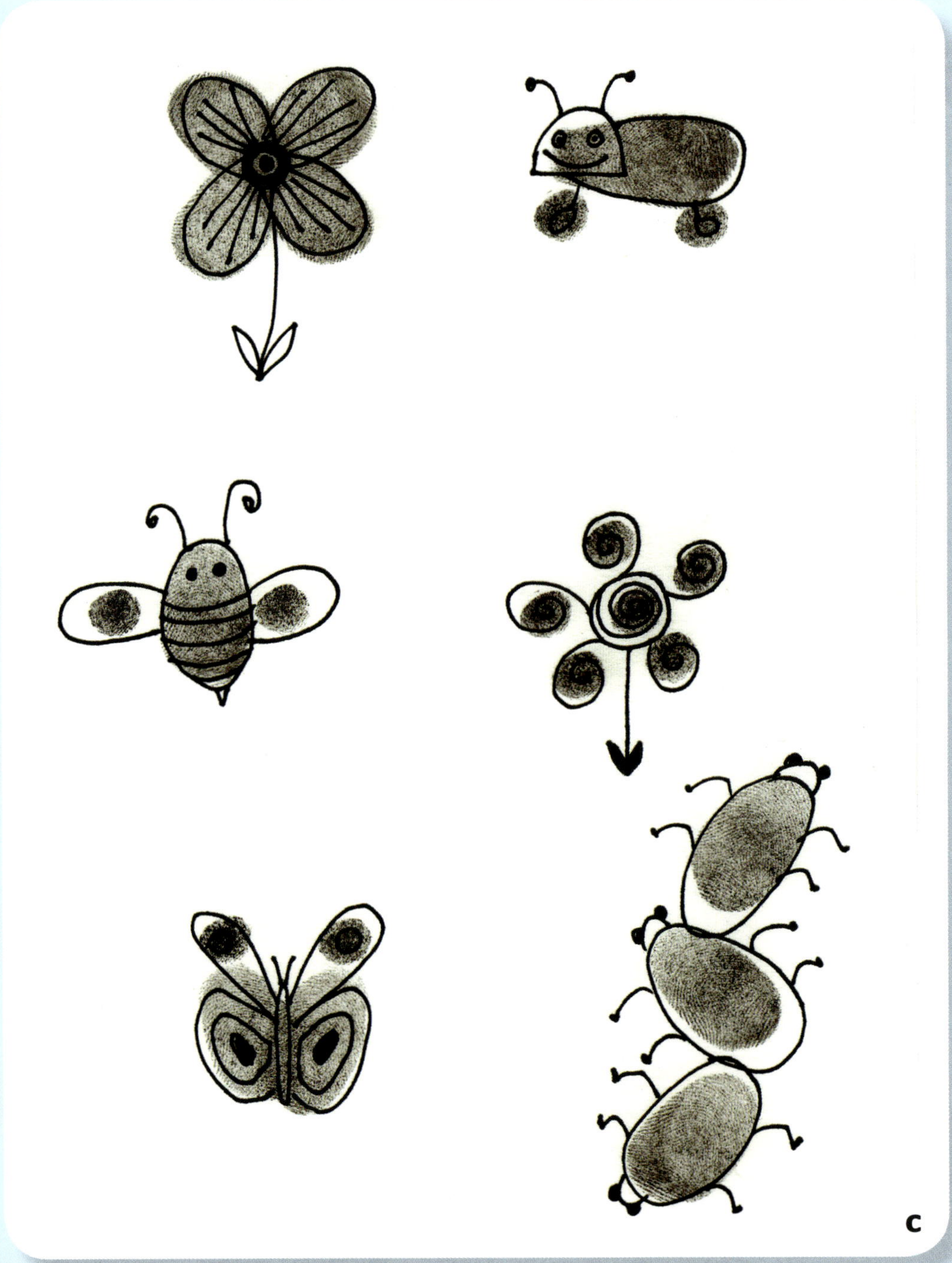

68

c

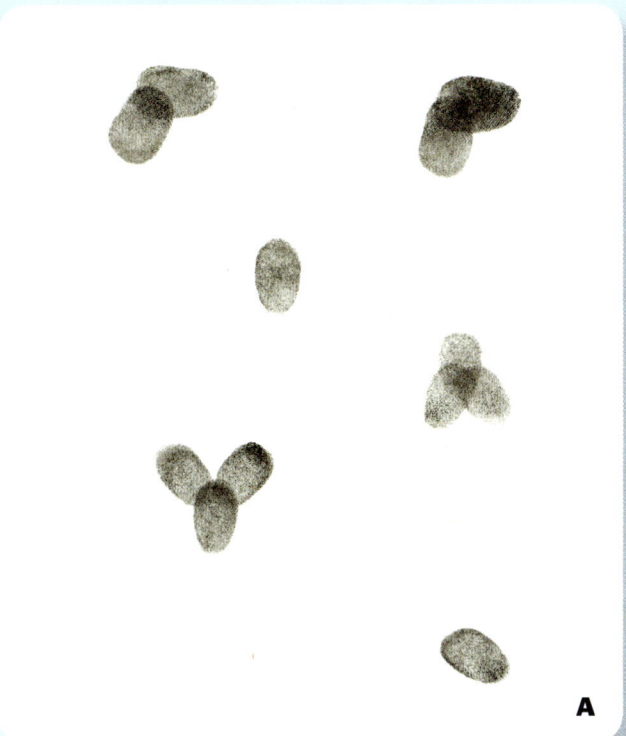

A

B

1 Verteile zusammen mit einem Freund abwechselnd Fingerabdrücke auf einem Blatt. Drückt dabei möglichst unterschiedliche Finger auf ein Stempelkissen und setzt die Abdrücke in verschiedenen Gruppen zusammen. Mit der Seite der Fingerspitze oder der Fingerkuppe könnt ihr zusätzliche Akzente setzen (A).

2 Betrachtet die Gruppen und überlegt, was ihr alles daraus zeichnen könnt (B und C).

Tipp

Wenn du kein Stempelkissen besitzt, kannst du stattdessen die Farbe auch auf deine Fingerspitzen auftragen. Trage für jeden neuen Abdruck wieder neue Farbe auf.

MISCHTECHNIK-SPIELE

MODELZEICHNUNGEN

Kataloge wären viel lustiger, wenn diese Models
darin abgebildet wären.

ZEICHNEN, SPIELEN, TANGELN

1 Schneide Kleidungsstücke aus einem Modekatalog aus und klebe sie auf verschiedene Blätter.

2 Zeichne um die Kleidung herum und kreiere ein neues Model. Ich wollte eigentlich einen modischen Hund zeichnen, aber ich weiß nicht so recht, was die anderen beiden Figuren darstellen sollen.

„Einige Leute glauben, dass ich in dem Kleid ein echt cooler Hund bin."

Witzfiguren

Diese Models haben etwas zu sagen. Male Sprechblasen mit ihren Botschaften für die Welt.

DAS CADAVRE-EXQUIS-BUCH

Cadavre Exquis ist ein Spiel, das in den 1920er-Jahren von den Surrealisten erfunden wurde. Dieses Spiel basiert auf ihrem Konzept (ebenso wie die Marterpfahl-Fratzen von Seite 38 und die Wechselzeichnungen von Seite 46).

Spiel
29

Mehr Spaß

Du kannst noch mehr Figuren hinzufügen, indem du weitere Felder ausschneidest und hinzuklebst.

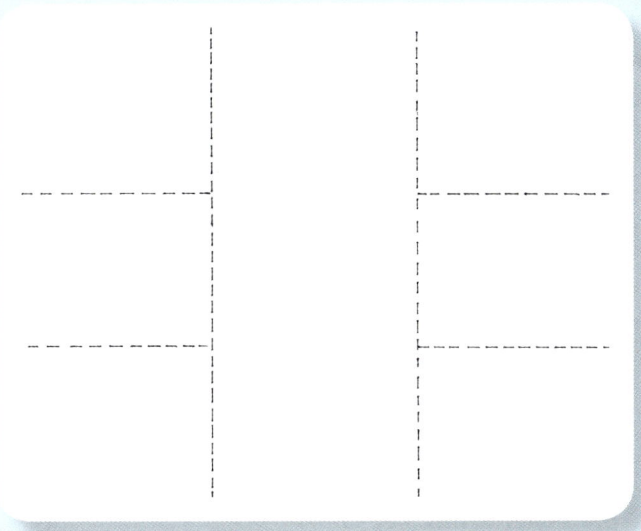

1 Falte das Blatt in drei gleichmäßig große Teile und schneide die zwei äußeren Teile in drei kleinere Teile – so wie auf der Abbildung oben zu sehen. Die zwei langen gestrichelten Linien sind die Falzlinien, die vier kurzen gestrichelten Linien sind die eingeschnittenen Linien.

2 Zeichne in die Mitte, also in den nicht eingeschnittenen Teil, eine Figur. Kopf und Schulter kommen in den oberen Abschnitt, Rumpf und Arme in die Mitte und Hände und Füße in den unteren Abschnitt.

3 Zeichne nacheinander weitere Figuren auf die seitlichen, eingeschnittenen Felder, wenn diese zugeklappt sind. Achte darauf, dass du die Stellen markierst, an denen Kopf- sowie Fußteil auf die Mitte treffen. Schließlich willst du die Klappen öffnen und die Körperteile der einzelnen Figuren mischen, um neue Figuren zu schaffen.

Spiel 30

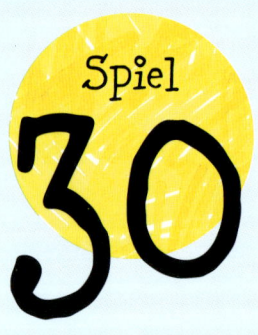

KALEIDOSKOP-KREISE

Bei diesem Spiel entstehen Kunstwerke, die ein wenig dem Blick durch das farbenprächtige Kaleidoskop ähneln. Klar, dein Bild wird garantiert wesentlich cooler werden als das langweilige alte Kaleidoskop.

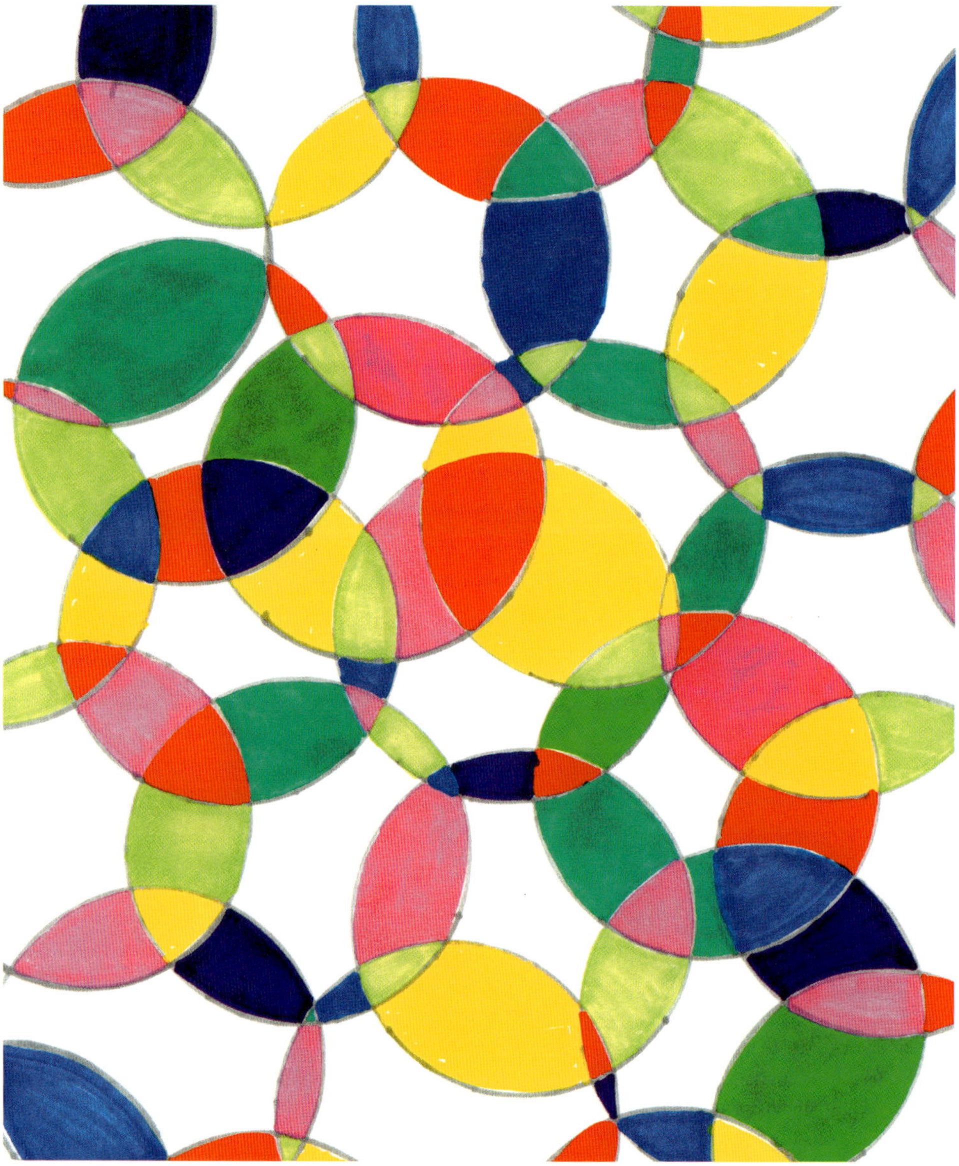

1 Zeichne mit einer kleinen Dose oder einem anderen runden Gegenstand sowie einem Bleistift viele Kreise verteilt über das gesamte Blatt. Die Kreise können unterschiedlich groß sein.

2 Male alle Flächen, an denen sich die Kreise überlappen, farbig aus.

„Wow, alles so schön bunt hier!"

Mehr Spaß

Zeichne hübsche Tangle-Muster in die restlichen weißen Flächen.

Spiel 31

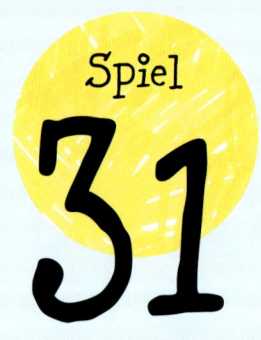

TINTENKLECKS-ÜBERRASCHUNGEN

Vielleicht hast du schon früher einmal mit Tintenklecksen gezeichnet, aber hier gehen wir einen Schritt weiter!

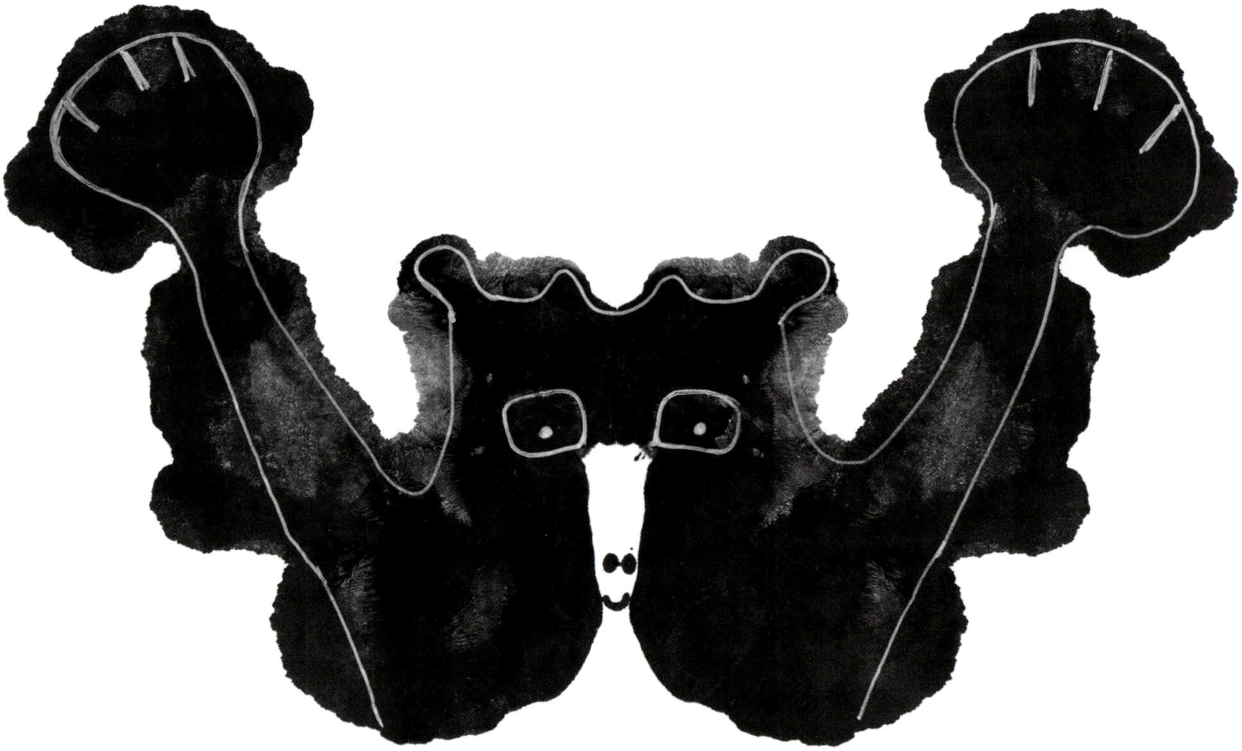

1 Falte das Papier in der Mitte und gib einige Tropfen Tinte auf jede Blatthälfte.

2 Falte das Papier und drücke es leicht zusammen. Dann falte es wieder auseinander und lass die Tinte trocknen.

3 Sobald die Tinte vollkommen trocken ist, kannst du versuchen, eine Figur in dem Tintenklecks zu erkennen. Zeichne mit einem Marker oder Stift zusätzliche Linien ein.

„Manchmal werden aus Klecksen spätere Kunstwerke."

MISCHTECHNIK-SPIELE

Spiel 32

FRUCHTDRUCK-RÄDER

Ob du es glaubst oder nicht, Fruchtdrucke sind für Zeichenanfänger einfach perfekt.

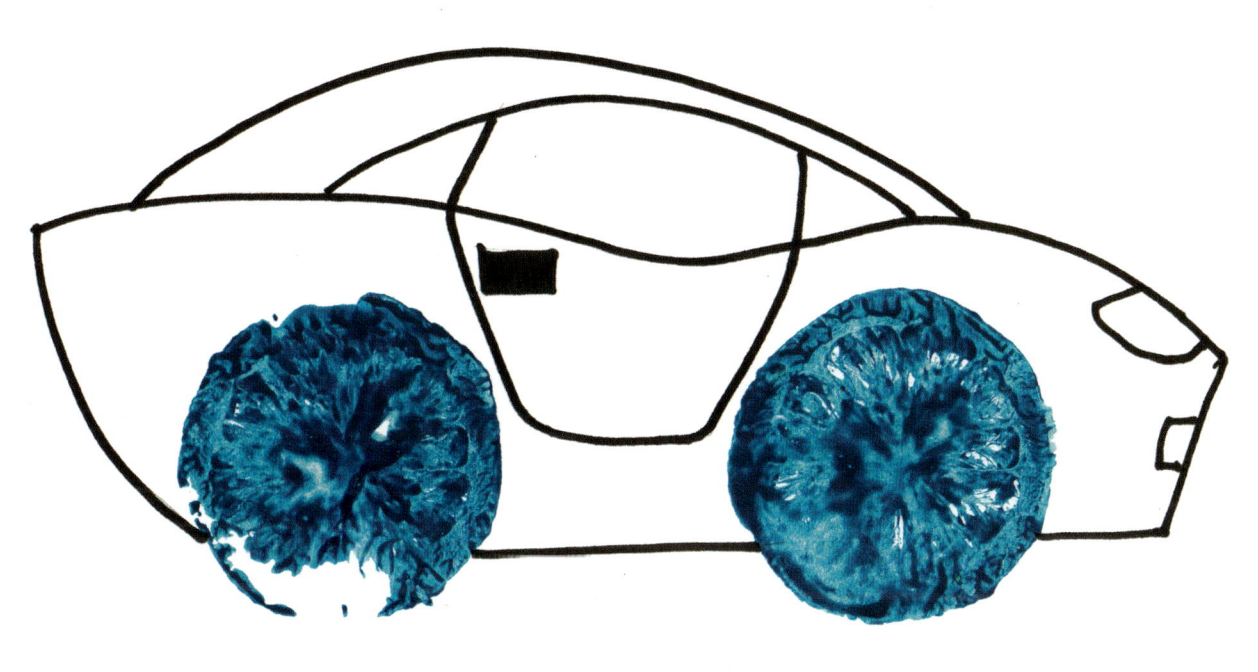

1 Trage mit einer Farbwalze Acrylfarbe oder Druckertinte auf eine Palette oder eine glatte Oberfläche auf (eine mit Alufolie abgedeckte Pfanne ist gut geeignet).

2 Schneide eine Limette, Zitrone oder Orange durch und drücke die Schnittfläche auf ein Papiertuch, damit überschüssige Feuchtigkeit aufgesaugt wird.

3 Drücke eine Hälfte der Frucht zuerst in die Farbe und dann für den Farbdruck auf ein Blatt Papier. Setze zwei Fruchtdrucke nebeneinander.

4 Verwandle die Fruchtdrucke in Räder, indem du die Konturen von Fahrzeugen darum herumzeichnest.

Tipp

Übe das Drucken zunächst auf Schmierpapier, bis du weißt, wie viel Farbe du auf die Schnittfläche auftragen und wie kräftig du mit der Frucht auf das Papier drücken musst.

MISCHTECHNIK-SPIELE

Spiel 33

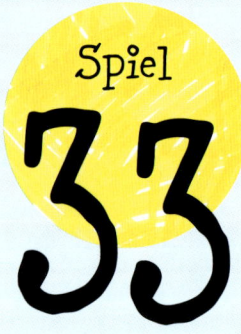

FINGERABDRUCK-PORTRÄTS

Vorsicht, deine Finger werden bei diesem Spiel ganz schmutzig, weil du sie als Marker benutzt!

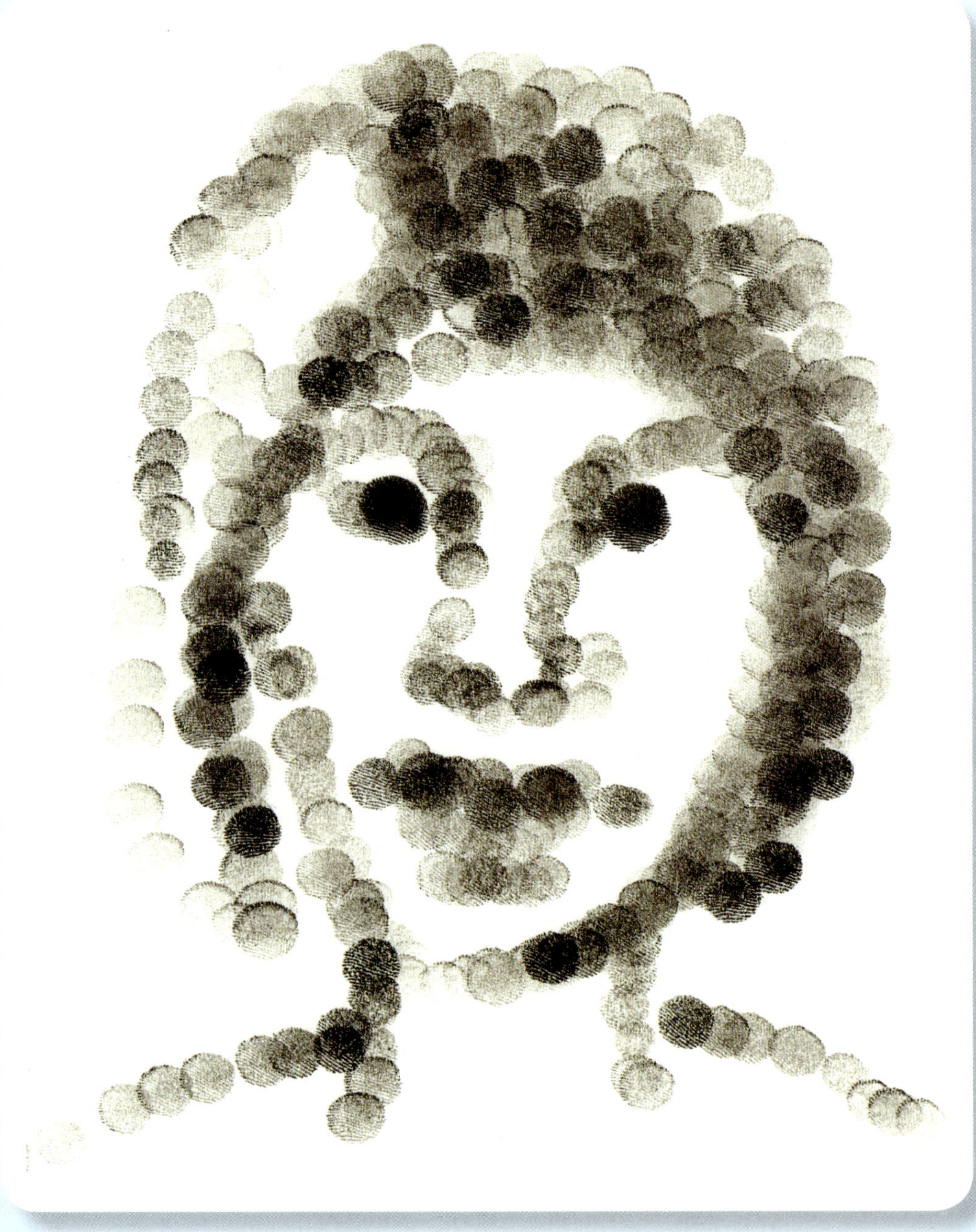

1 Setze dich vor einen Spiegel.

2 Drücke deinen Finger auf ein Stempelkissen und stemple dann mit dem Finger Punkte für dein Selbstporträt auf das Blatt Papier. Sollen einige Linien dunkler werden, einfach an den entsprechenden Stellen mehrmals übereinanderstempeln.

Tipp

Beginne am besten mit Kopf und Haaren und vergiss nicht, die Augen richtig zu platzieren, während du dich nach unten vorarbeitest.

„Meine Eltern werden begeistert sein. Sonst pickse ich mit meinem Finger immer nur meinen kleinen Bruder."

KRITZELLANDSCHAFTEN

Fertige mit der klassischen Kratzbildertechnik
eine dekorative Landschaft.

ZEICHNEN, SPIELEN, TANGELN

1   Male mit einem weißen Wachsmalstift
sanfte Hügel über die gesamte Blattseite.
Arbeite dabei von unten nach oben.

2   Fülle jeden Hügel mit Doodles
und Mustern.

3   Nun kannst du jeden Hügel mit Wasserfarben in verschiedenen Grüntönen aus-
malen.

Mehr Spaß

Versuche, verschledene Grüntöne mit
grüner, blauer und gelber Wasserfarbe zu mischen, oder male eine
zauberhafte Landschaft in leuchten-
den Regenbogenfarben.

„Diese Landschaft hat mehr Beulen als ich auf meinem Kopf,
als ich Skateboardfahren gelernt habe."

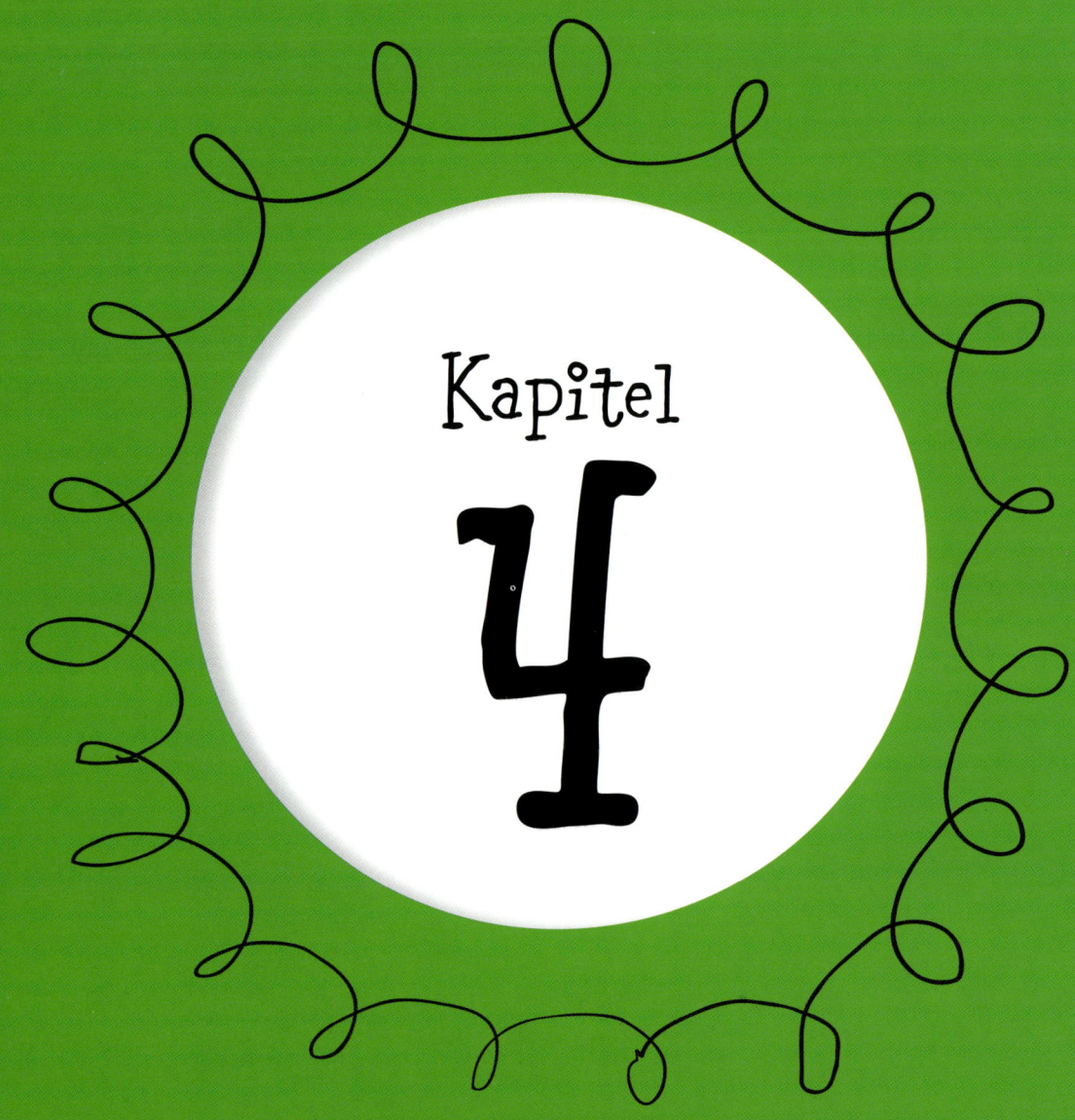

Kapitel

4

TOLLE TANGLE-SPIELE

Wenn du noch nie getangelt hast, wirst du nun eine wunderbare neue Erfahrung machen. Auch wenn es vielleicht schwierig aussieht – die Muster sind in Wirklichkeit kinderleicht. Denn Tangle sind schnell gemacht und sehen supercool aus, wenn sie fertig sind!

Das Tangeln wirkt beruhigend und meditativ. Dieses Glücksgefühl wird sich bei dir auch einstellen, wenn beim Zeichnen der Stress von dir abfällt. Wem würde das nicht Spaß machen? Ich habe meine eigenen Tangle-Ideen und -Methoden entwickelt. Du musst dich nicht auf bestimmte Muster, Techniken oder Materialien beschränken. Ich liebe professionelle Künstlermaterialien, weiß aber auch die Utensilien zu schätzen, die ich gerade griffbereit habe. Allerdings solltest du keine ganz günstigen Stifte oder Marker verwenden, denn diese sind mitten im Tangeln plötzlich leer.

Wenn du an verschiedenen Tangle arbeitest, wirst du feststellen, dass die Formen der leeren Flächen dir helfen, deinen eigenen Stil zu entwickeln. Also, los geht's!

Spiel 35

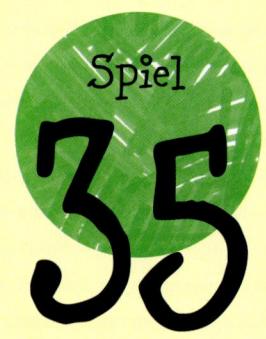

ABDECK-AQUARELL-TANGLE

Bei diesem Tangle arbeitest du mit Klebeband und Wasserfarben und schaffst negative Flächen, in die du zeichnen kannst. Die Ergebnisse sehen aus, als hättest du dein eigenes Kunst-Klebeband entworfen!

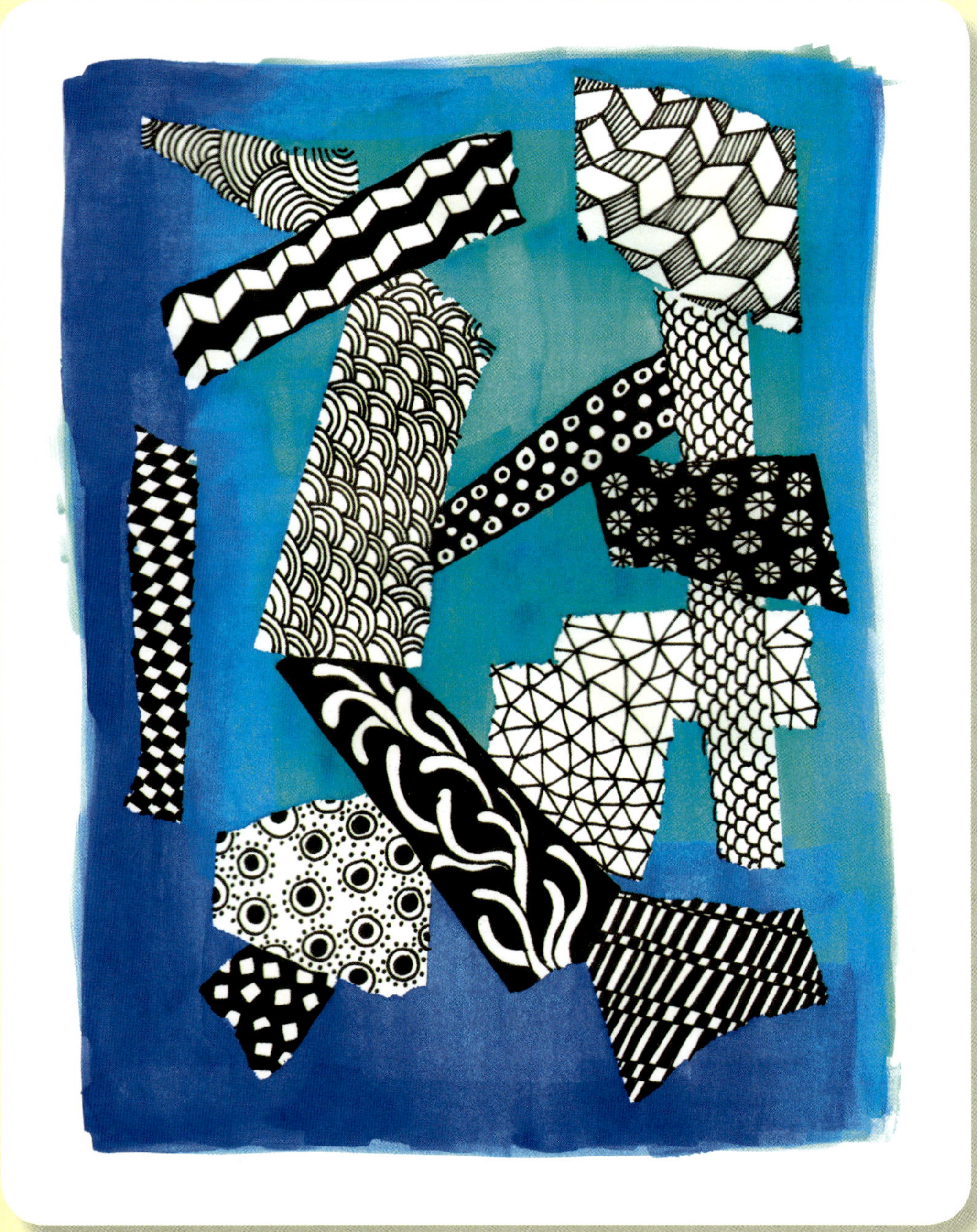

1 Von einer Rolle mit breitem blauem Malerklebeband reißt du Stücke ab und ordnest sie auf deinem Blatt zu einem abstrakten Muster an.

2 Nun bemalst du das Papier beliebig mit Wasserfarbe, zum Beispiel in Blau oder Türkis. Lass alles gut trocknen und trage dann an einigen Stellen eine zweite Schicht auf. Es macht Spaß, mit Wasserfarben zu experimentieren!

3 Sobald die Farbe trocken ist, entfernst du vorsichtig das Klebeband und tangelst nach Lust und Laune in die weißen Flächen.

Mehr Spaß

Schneide die getangelten Klebebandflächen aus, verteile Kleber auf der Rückseite und verwende die Flächen für eine Collage, ein Tagebuch oder deine Hausaufgaben.

TOLLE TANGLE-SPIELE

Spiel **36**

KREIS-TANGLE

Tangle sind wiederkehrende Muster, die aus einfachen Formen, Linien und Punkten bestehen. Male Tangle so wie in meinen Beispielen oder entwirf deine eigenen. Häufig werden Tangle auf viereckige Papierfelder gezeichnet. Aber du hast schon gemerkt: Wir machen hier unser eigenes Ding.

1 Zeichne mithilfe einer kleinen Schale oder einer Klebebandrolle Kreise, die sich überlappen, auf das gesamte Papier. Entscheide selbst, wie viele Kreise du zeichnest. Je nachdem, wie viel du tangeln möchtest.

2 Betangel das Innere der Kreise.

Mehr Spaß

Du kannst das Projekt wiederholen, doch diesmal tangelst du im Kreisinneren ausschließlich unterschiedliche Arten von Kreisen und Punkten.

„Obwohl du etwas komisch bist, zeichnest du geniale Tangle."

„Oh, danke (... oder?)."

DOPPELSCHRIFT-TANGLE

In Wörter tangeln ist eine super Idee, um ein Tangle ganz persönlich zu gestalten. So entsteht ein schönes Geschenk für einen Freund!

ZEICHNEN, SPIELEN, TANGELN

1 Halte zwei feine Farb-
marker zusammen
und schreibe ein Wort
oder deinen Namen in
Kursivschrift oder in
Druckbuchstaben auf
das Papier. Verwende
zwei verschiedene Far-
ben. Das sieht beson-
ders cool aus.

2 Betangel nun das Innere
der Buchstaben. Du wirst
wahrscheinlich sehr klei-
ne und nicht allzu viele
Muster tangeln. Stelle dir
das Bild einfach als mini-
malistische, grafische
Tangle-Kunst vor.

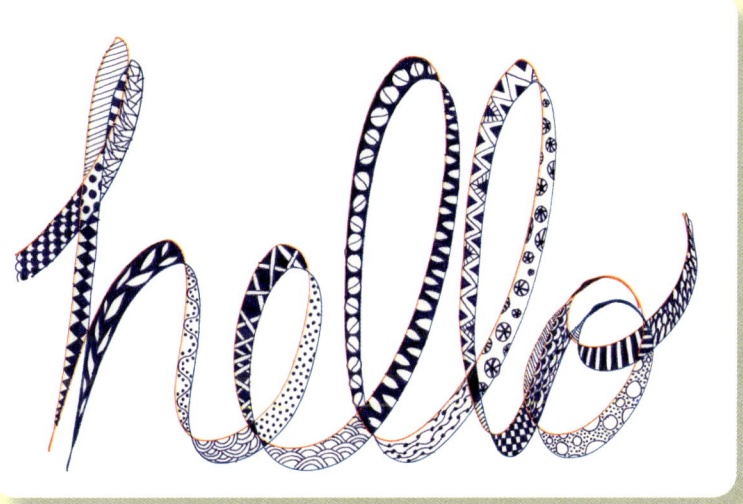

Mehr Spaß

Probiere die Technik mit
Druckbuchstaben und
überlege dabei, wie du
die Tangle variieren
kannst.

„Ich habe mich im Doodle-Meer verlaufen.
Ich kann stundenlang vor mich hindoodeln."

ZICKZACK-TANGLE

Diese Zickzacklinien sind ein sehr beliebtes grafisches Muster und eignen sich im Gegensatz zum freien Tangeln für viele Tangle-Ornamente.

Spiel

38

1 Zeichne mit Lineal und Bleistift ein Kästchenmuster auf das Blatt (bitte sehr fein zeichnen, denn die Linien radierst du später wieder aus).

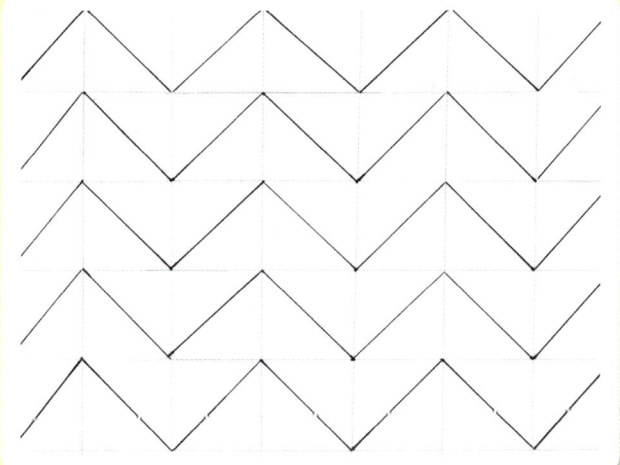

2 Zeichne nun mit dem Lineal das Zickzackmuster wie abgebildet auf. Jede Linie beginnt in einer Kästchenecke und endet in der Kästchenecke diagonal gegenüber.

3 Radiere die Hilfslinien aus und tangel, tangel, tangel zwischen den Zickzacklinien.

Tipp

Ich nutze zum Zeichnen des Rasters immer die Breite eines Lineals. Dann muss ich die Kästchengröße nicht extra ausmessen. (Das erspart mir das Rechnen. Aber erzähl es nicht meinem Mathelehrer.)

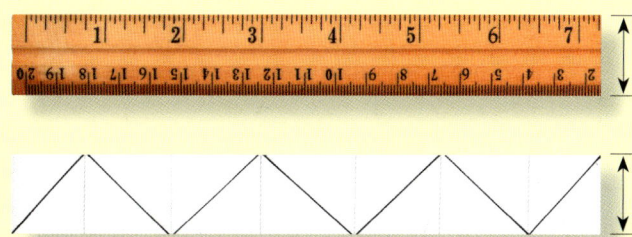

UMGEKEHRTES TANGLE

Spiel 39

Ich bin verliebt in dieses Projekt! Es gibt unendlich viele Möglichkeiten, diese Idee weiter auszubauen. Versuche es selbst einmal und lass dich von deiner Fantasie leiten.

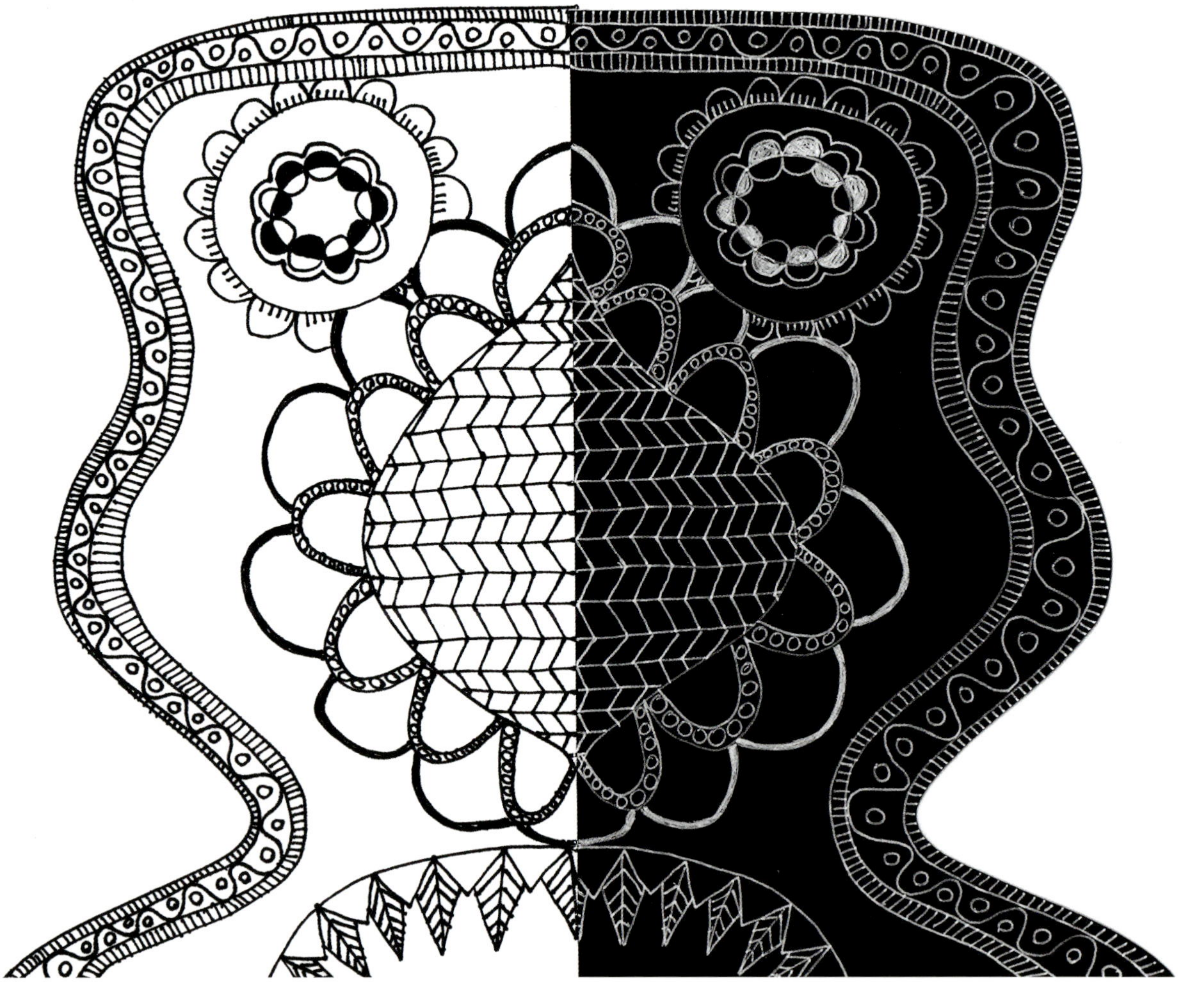

1 Schneide ein Stück schwarzes Papier (ich bevorzuge schwarzes Tonpapier) in eine beliebige Form und übertrage die Konturen auf eine Blatthälfte.

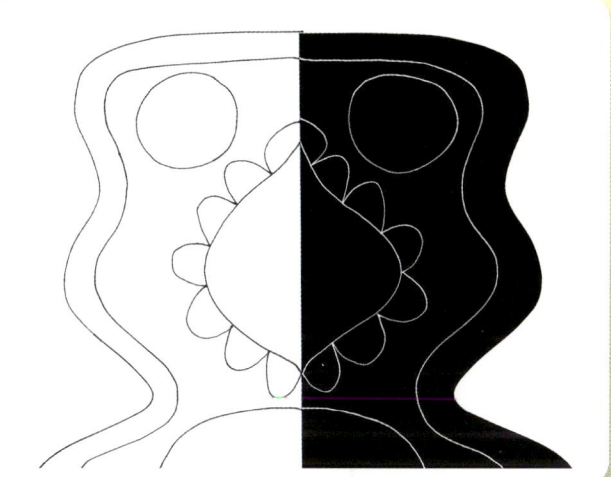

2 Klappe es waagerecht um und klebe es auf das Blatt. So erhältst du Spiegelbilder der schwarzen und weißen Formen.

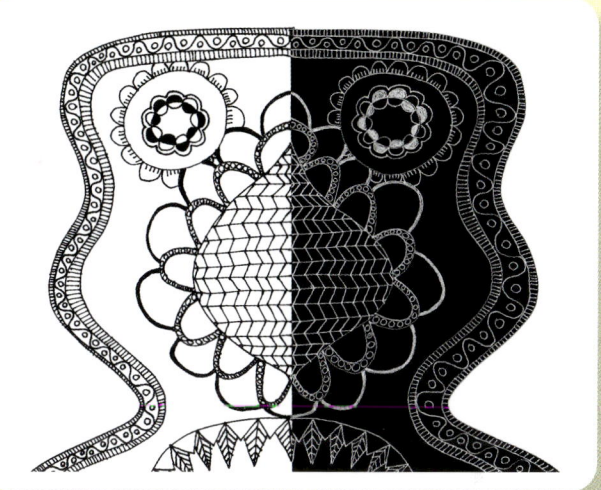

3 Betangel mit einem weißen Gelstift die schwarze Fläche und mit einem schwarzen Farbstift die weiße Fläche.

Witzfiguren

Das erinnert mich irgendwie an ein Gesicht. Also könntest du dieses Werk in ein lustiges Gesicht verwandeln. Ich frage mich, wie betangelte Brillengläser wohl aussehen?

Spiel 40

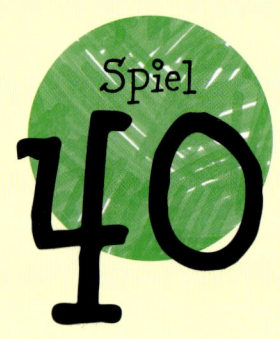

ABSTRAKTES OSTEREIER-TANGLE

Wasserfarbe trifft in diesem hübschen Projekt auf Tangle-Kunst. Du kannst das Bild rahmen und an die Wand hängen.

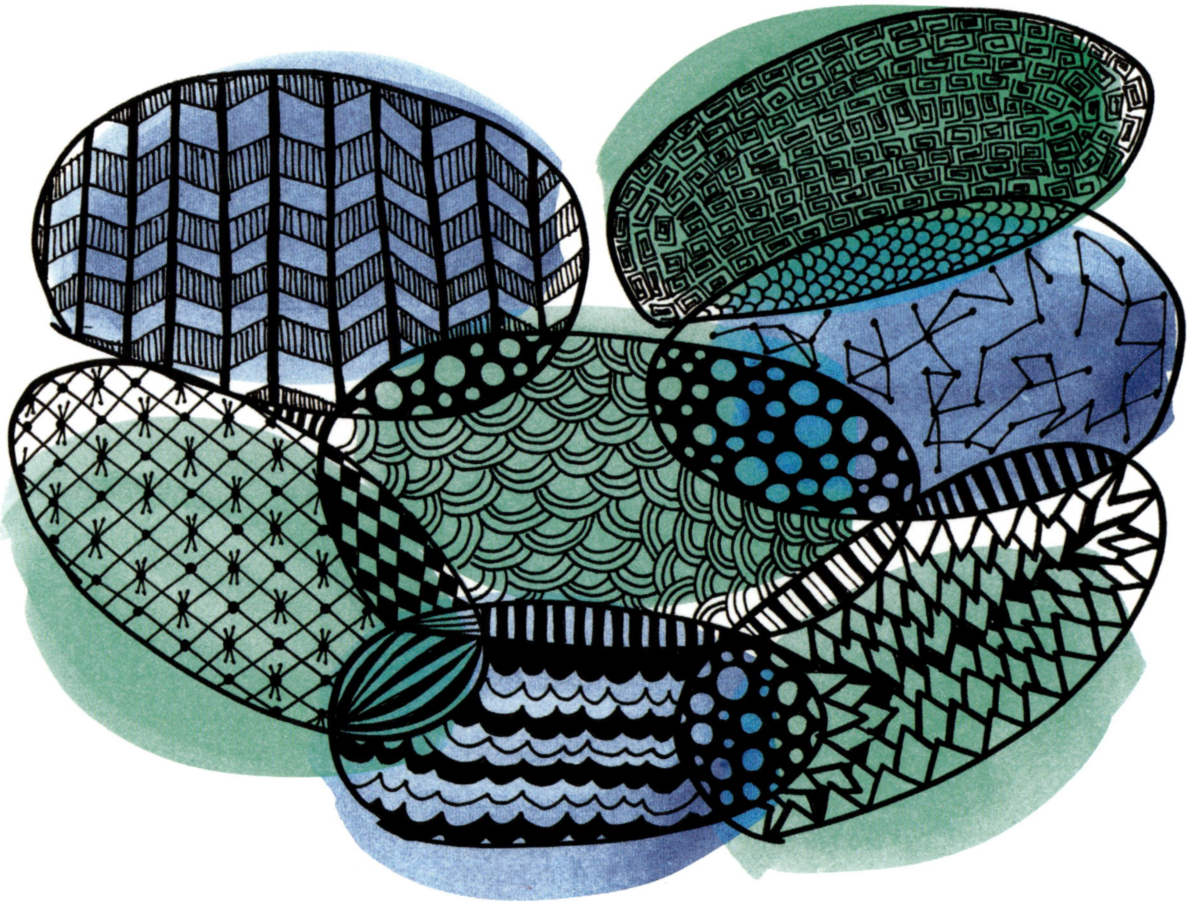

1 Wähle zuerst drei oder vier Wasserfarben aus, die gut zusammen harmonieren, und male dann sich berührende Ovale auf das Papier.

3 Betangel die gemalten Ovale.

2 Wenn diese getrocknet sind, kannst du ovale Umrisslinien aufzeichnen. Diese sollten nicht allzu perfekt aussehen. Sie wirken besonders schön, wenn sie leicht verrutscht sind.

Mehr Spaß

Besonders farbenfroh wird das Ganze, wenn du mit Farbstiften auf der Wasserfarbe arbeitest. Aber du solltest vorher auf Schmierpapier ausprobieren, welche Stiftfarben auf den Wasserfarben gut wirken.

Spiel 41

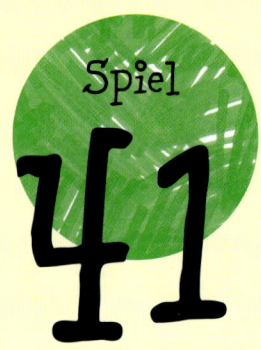

REGENBOGEN-TANGLE

Ich finde, dass jedes kreative Kunstbuch ein Regenbogenprojekt braucht. Hier nun eine lustige Art, um einen Regenbogen zu tangeln.

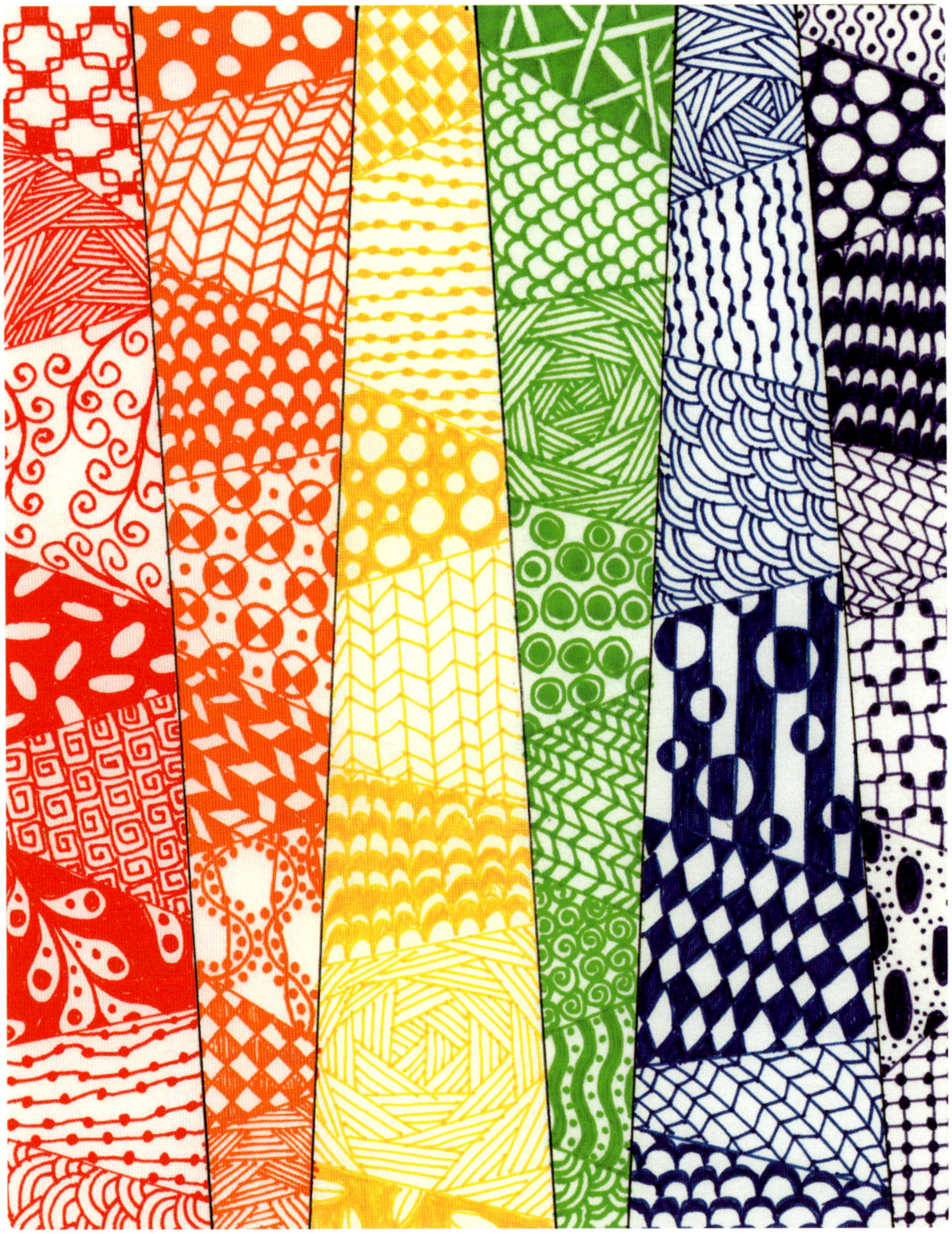

1 Teile dein Blatt in sechs Abschnitte. Du kannst das auf unterschiedliche Weise tun. Ich habe hier unregelmäßige Streifen gezeichnet.

2 Betangel jeden Abschnitt mit einer Regenbogenfarbe: Rot, Orange, Gelb, Grün, Blau und Violett. Denke dabei an die richtige Reihenfolge der Farben.

Mehr Spaß
Gestalte dein Regenbogen-Tangle in Form eines Regenbogens!

„Wenn meine Pyjamas so ein Muster hätten, würde ich nie einschlafen."

Spiel 42

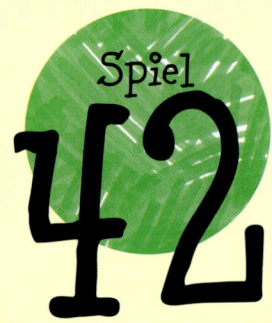

ORNAMENT-TANGLE

Ich bin beim Zeichnen immer ein wenig streng mit mir, denn ich mag einfache und geometrische Dinge. Etwas großzügiger bin ich beim Tangeln. Die Muster dürfen ruhig über das ganze Blatt verlaufen – und zwar ohne Einschränkungen.

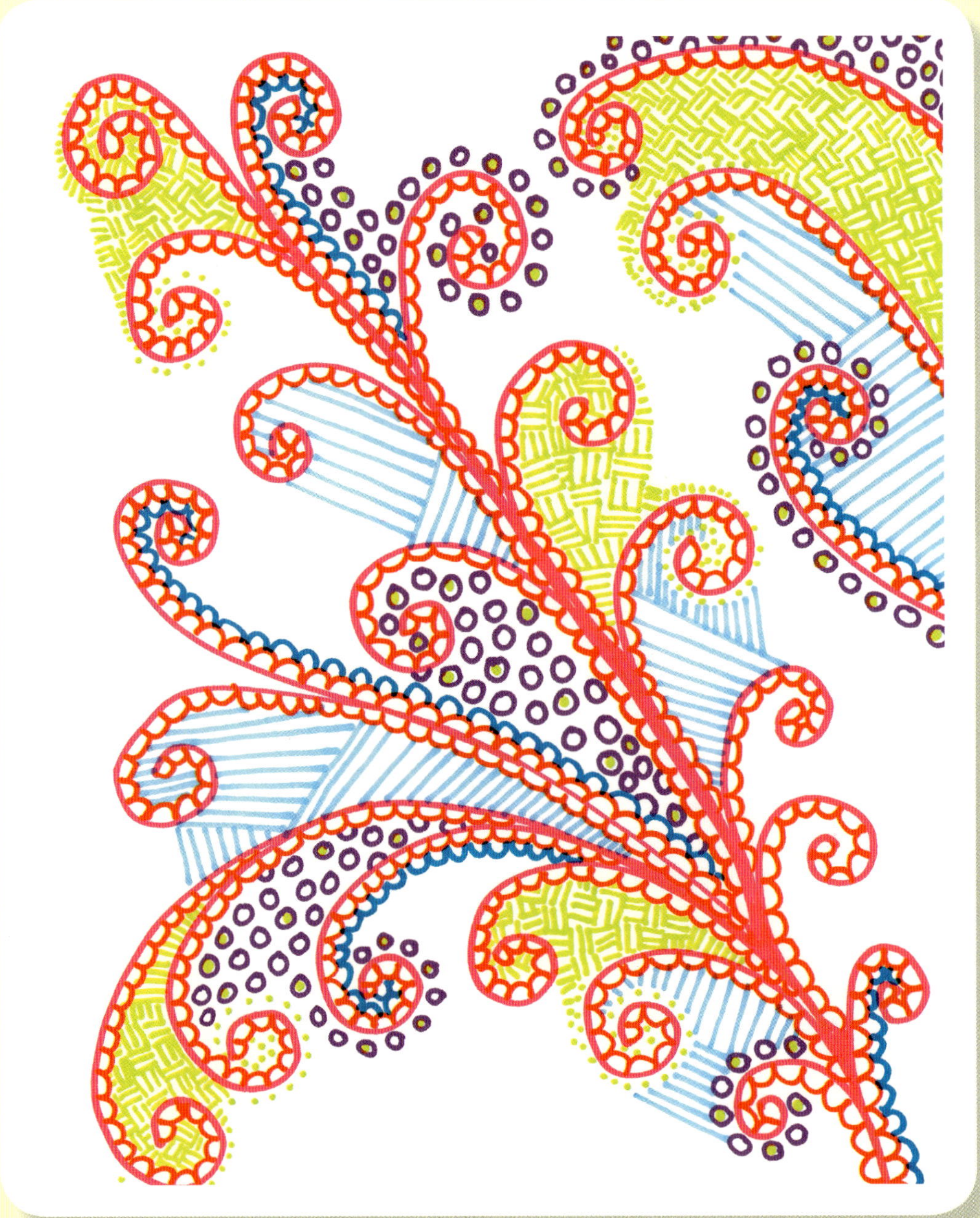

1 Arbeite lockere Tangle-Muster, ohne geschlossene Flächen.

2 Das ist die Basis, von der aus du weiterarbeitest. Achte nicht darauf, wo ein Muster beginnt und das andere endet. Du bist völlig frei!

Mehr Spaß

Versuche, entweder in einer Ecke des Blatts oder in der Mitte zu beginnen, und tangel von dort aus weiter. Oder male ein beliebiges Muster über die ganze Seite und tangel darum herum.

„Eine Locke kommt zur anderen und meine Zeichnungen wachsen und wachsen und wachsen und wachsen und wachsen und wa … okay, ich höre schon auf."

Spiel 43

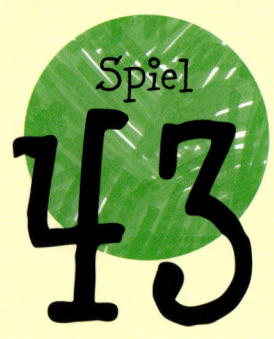

TANGLE-QUILT

Dieses Tangle-Projekt ist eine kuschelige, heimelige Tangle-Variante. Ich empfehle, nicht unter diesem Tangle zu schlafen, wenn es fertig ist.

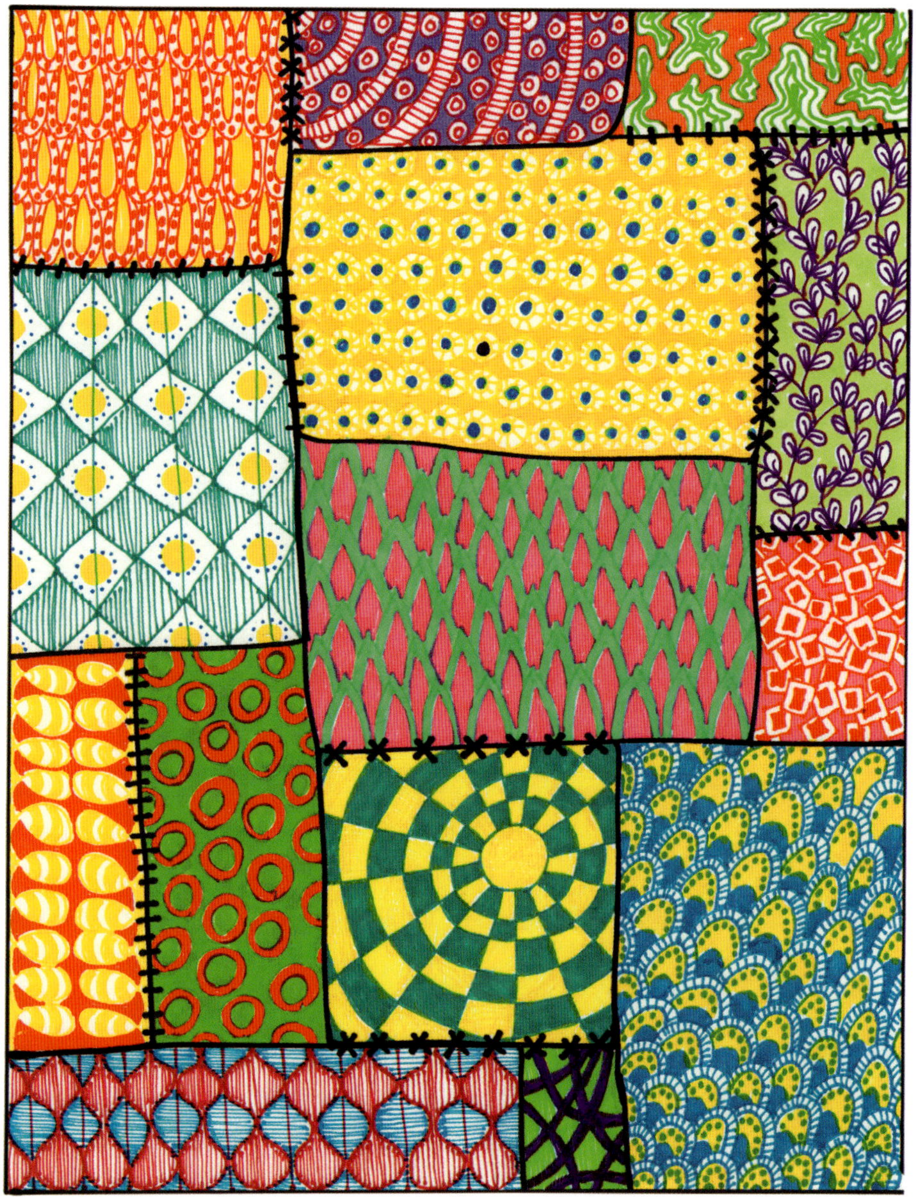

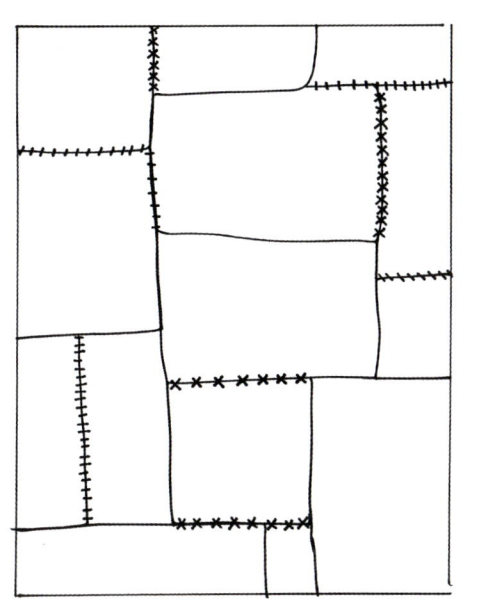

1 Teile das Blatt in unterschiedlich große Rechtecke und Quadrate ein und zeichne an einigen Stellen kleine Stichnähte auf.

2 Betangel jede Fläche. Ich habe meine Kästchen besonders bunt gestaltet und die meisten weißen Flächen ausgefüllt, damit sie Stoffcharakter bekommen.

„Wenn ich meinen Stift auf das Blatt setze, entwickeln sich die Muster von ganz alleine. Zeichnen. Wiederholen. Wiederholen."

Witzfiguren

Einige Quilts haben aufgenähte Bilder, die eine Geschichte erzählen. Du kannst an einigen Stellen geheime Gesichter oder bestimmte Gegenstände als Teil des Entwurfs hinzufügen.

Spiel 44

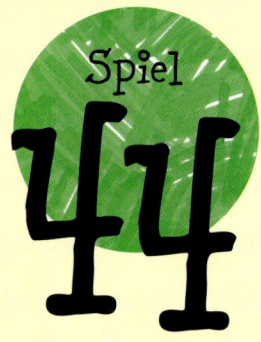

EISSTIEL-TANGLE

Wenn du wenig Zeit hast oder schnell einmal ein bisschen tangeln möchtest, dann ist dies genau das richtige Tangle-Projekt für dich.

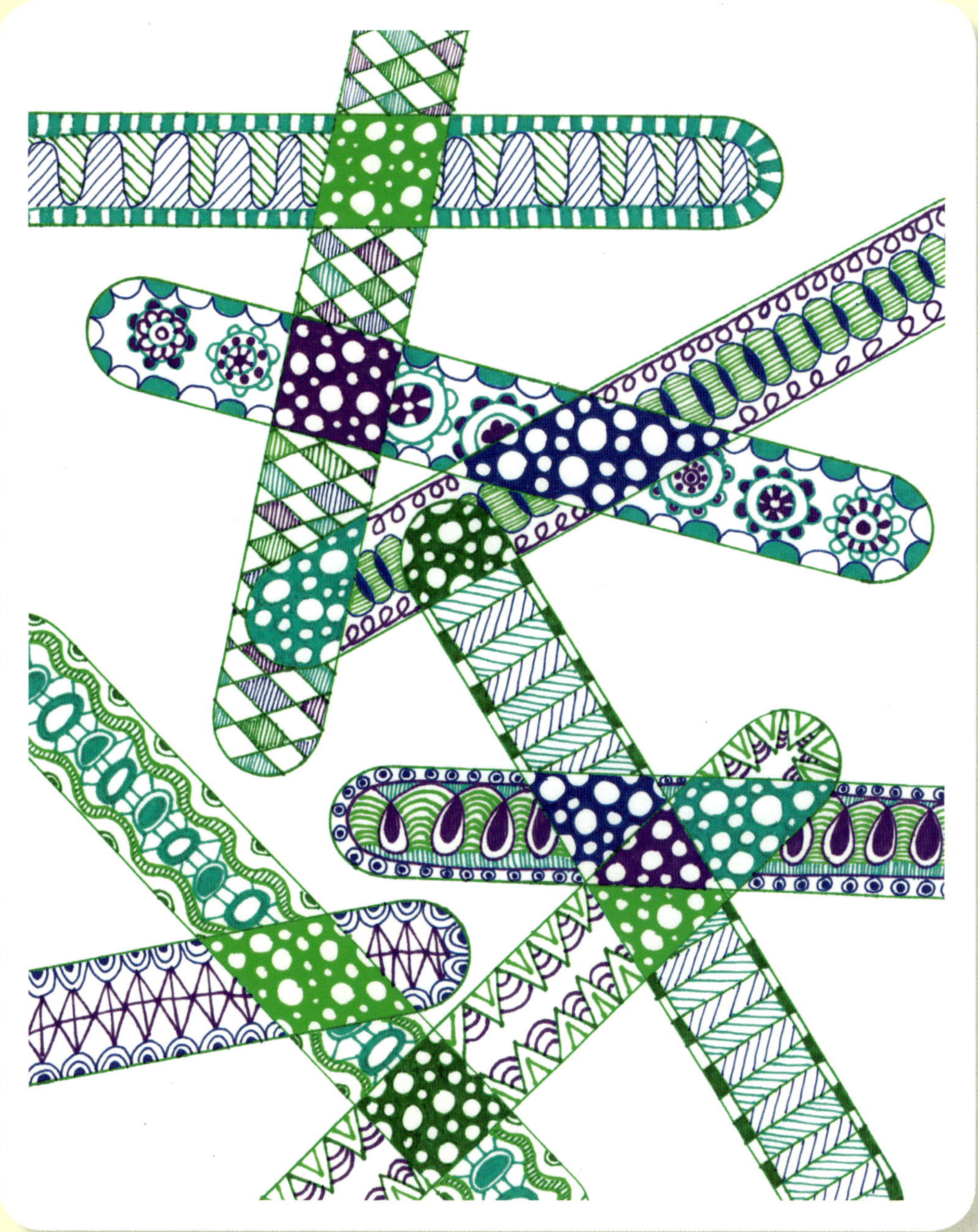

1 Zeichne die Umrisse eines großen Eisstiels über das gesamte Blatt.

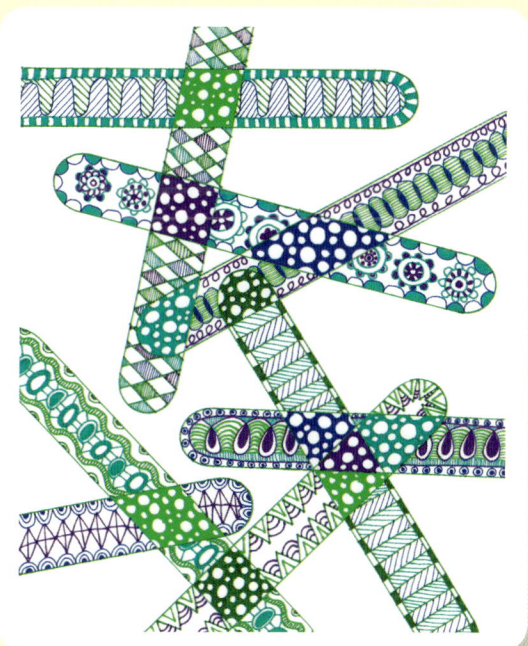

2 Betangel die Flächen.

3 Genieße ein Eis am Stiel.

Mehr Spaß

Wiederhole das Projekt ohne übereinanderliegende Eisstiele. Betangel sie, schneide sie aus und verwende sie anschließend als Lesezeichen. Oder klebe sie mit Bastelkleber auf große Eisstiele und befestige Magnete auf der Rückseite.

HAAR-TANGLE

Hier treibt die Tangle-Kunst besonders wilde Blüten.

ZEICHNEN, SPIELEN, TANGELN

1 Schneide ein Gesicht aus einer Zeitschrift oder aus einem Foto aus und klebe es auf das Blatt.

2 Ergänze es um wilde Haarformen und betangel das Innere.

Mehr Spaß

Fertige einige Tangle an und verwende dabei die Gesichter von Familienmitgliedern. Verschenke die fertigen Tangle-Bilder zu Geburtstagen oder anderen Anlässen.

„Wenn ich das auf ein Stück Karton klebe, könnte das meine nächste Halloween-Verkleidung werden."

Spiel 46

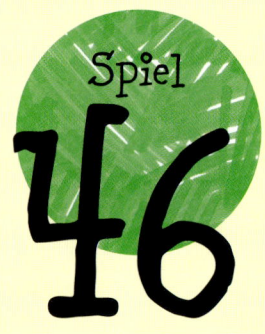

COLLAGEN-TANGLE

Papier-Collagen lassen sich auf lustige und ganz einfache Weise in abstrakte Kunstprojekte verwandeln. Durch das Tangeln erhalten sie eine zusätzliche Dimension.

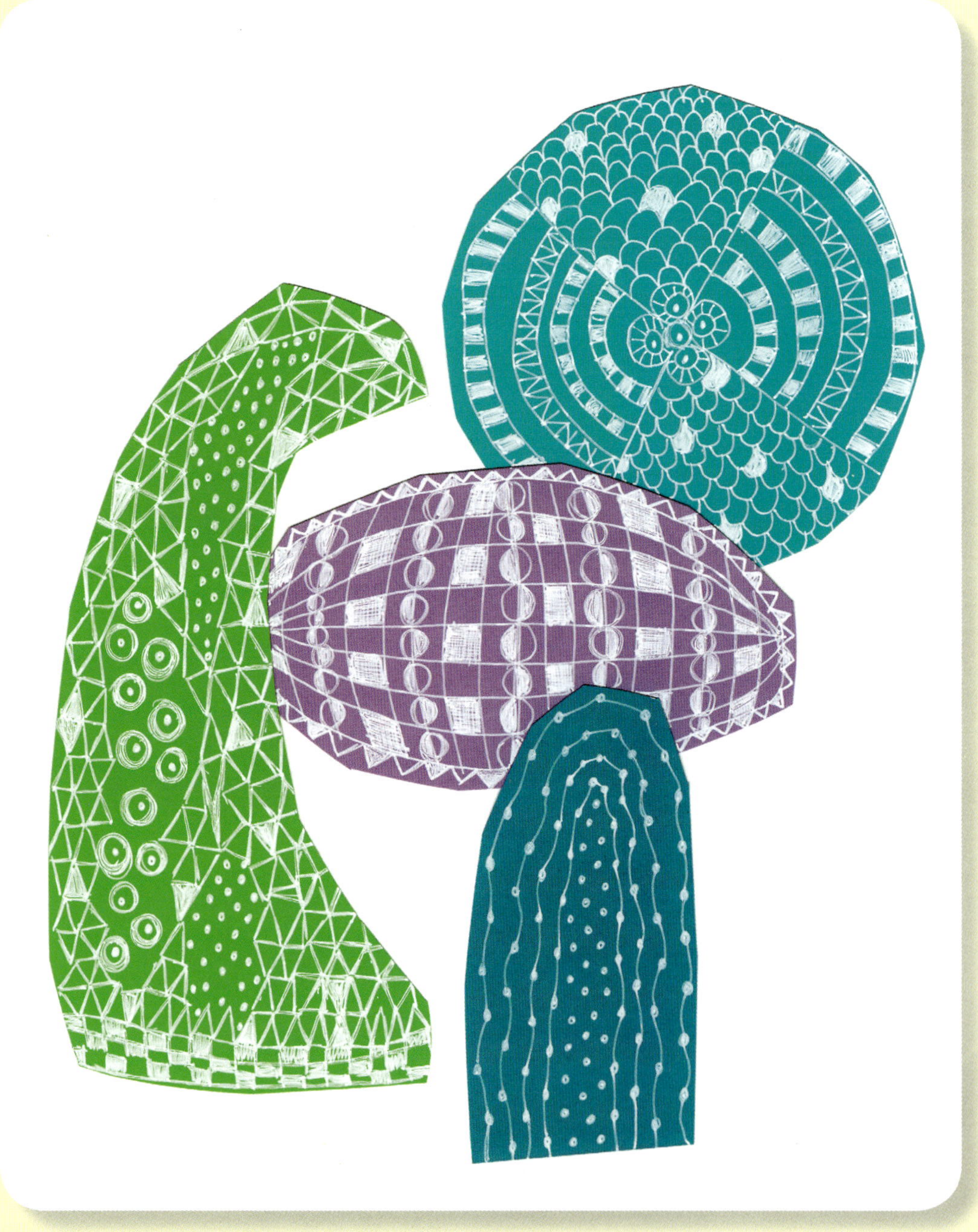

1 Schneide aus drei oder vier farbigen Tonpapieren beliebige Formen aus und klebe diese auf das Blatt.

2 Zeichne die Tangle auf die Formen oder tangel um sie herum – alles ist möglich.

Mehr Spaß

Schneide das fertige Werk aus und klebe es vorne auf eine Klappkarte. Schreibe einen netten Gruß darauf und schicke sie mit der Post an dich selbst.

„Mein liebes Ich, ich liebe dich. Gezeichnet, Ich!"

TOLLE TANGLE-SPIELE

Über die Autorin

Jeanette Nyberg schreibt auf craftwhack.com über Kunstprojekte, Fundstücke und Geschichten aus ihrem Leben. Sie absolvierte die Rhode Island School of Design und startete danach ihre Karriere als Künstlerin und Fotografin. Jeanette war schon immer von der natürlichen kindlichen Kreativität fasziniert und möchte Groß und Klein inspirieren, selbst kreativ zu werden.

Dank

Ganz herzlichen Dank an Mary Ann Hall, die wie aus heiterem Himmel in mein Leben trat. Deine Vision für dieses Projekt gab meiner Kreativität unendlichen Auftrieb. Ein Dankeschön auch an die Rockin' Art Moms. Ihr seid meine treue Internetsippe, meine verschworene Kreativgemeinschaft und meine besten Freundinnen. Und zum Schluss danke ich meiner Familie, die mir mit unendlicher Geduld und Unterstützung begegnet ist, wenn ich bei der Arbeit an diesem Buch wieder einmal alle Gemütslagen dieser Welt durchlebte.

Ich liebe euch alle.

Noch mehr Kinderbücher zum Malen, Zeichnen und Experimentieren!

Kunst-Lab für Kinder

Das Laboratorium mit 52 kreativen Abenteuern im Malen & Zeichnen, Drucken und Gestalten mit Papier und mehr

Seiten: 144
Format: 21,6 × 21,6 cm
Preis: 19,99 €
ISBN: 978-3-86355-077-6

Kunst Lab Malen für Kinder

52 große Mal-Abenteuer für kleine Künstler

Seiten: 144
Format: 21,6 × 21,6 cm
Preis: 19,99 €
ISBN: 978-3-86355-488-0

Zentangle für Kids

Mit tollen Schablonen

Seiten: 64
Format: 22 × 27,5 cm
Preis: 9,99 €
ISBN: 978-3-86355-402-6

Zentangle für Kids Waldtiere

Mit tollen Schablonen

Seiten: 64
Format: 22 × 27,5 cm
Preis: 9,99 €
ISBN: 978-3-86355-499-6

Ringel, Kringel, Bimmelbahn

Die kunterbunte Zeichenstunde

Seiten: 96
Format: 22 × 27,5 cm
Preis: 9,90 €
ISBN: 978-3-86355-135-3

Fingerabdruck, Punkt und Strich – Das Mitmachbuch

Zeichenspaß mit Fingerabdrücken

Seiten: 64
Format: 22 × 27,5 cm
Preis: 7,99 €
ISBN: 978-3-86355-381-4